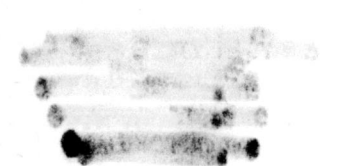

Rolf Nobel
Falschspieler Gottes
Die Wahrheit über Jehovas Zeugen

Rasch und Röhring Verlag
Hamburg—Zürich

Gewidmet meiner Freundin Elke, die zahlreiche Bibelstunden über sich ergehen ließ und ohne deren Hilfe dieses Buch niemals entstanden wäre.
Mein Dank auch an Anette, Arthur, Christel, Eva, Hans-Gerhard, Lutz, Manfred, Norbert und Petra für moralische Stärkung.

CIP-Kurztitelaufnahme der Deutschen Bibliothek

Nobel, Rolf:
Falschspieler Gottes : d. Wahrheit über Jehovas Zeugen / Rolf Nobel. – Hamburg : Rasch und Röhring, 1985.
  ISBN 3-89136-013-4

Copyright © 1985 by Rasch und Röhring Verlag, Hamburg
Einband und Gestaltung: Studio Reisenberger
Fotos: NORDLICHT/Manfred Scharnberg
Gesetzt aus der Korpus Melior
Satzherstellung: alphabeta Gards & Kohn GmbH, Hamburg
Lithographie: Albert Bauer KG, Hamburg
Druck- und Bindearbeiten: Mainpresse Richterdruck Würzburg
Printed in Germany

Inhalt

Vorwort 9
Die Menschenfischer kommen 13
Gegen-Darstellungen 23
Jehovas AG – Milliarden mit dem Seelenheil 26
Gegen-Darstellungen 30
Geschulte Klinkenputzer Gottes 32
Gegen-Darstellungen 45
Zur Erbauung zum Kreiskongreß 47
Gegen-Darstellungen 53
Vom Studienzirkel zur Wachtturm AG 55
Gegen-Darstellungen 86
Alle Freizeit für Jehova 87
Gegen-Darstellungen 96
Der deutsche Sektenableger blüht 98
Gegen-Darstellungen 125
Mein neues Leben 126
Gegen-Darstellungen 144
Im Hauptquartier in Brooklyn 145
Bruder Jackson – Superstar 150
Gegen-Darstellungen 155
Dressierte Kinder 156
Gegen-Darstellungen 174
Jehova mag kein Blut 175
Gegen-Darstellungen 183
Von Märtyrern und Verrätern 185
Gegen-Darstellungen 212
Das Verhör 215
Die Erfahrungen anderer 222
Literaturverzeichnis 236

Begriffe aus der Welt der Zeugen Jehovas

Ältestenschaften: Leitungen der Zeugen-Versammlungen
Ältester/Aufseher: Leiter der Zeugen-Versammlung. Jede Versammlung wird von mehreren Ältesten geführt. Sie werden nicht demokratisch gewählt, sondern nach Rücksprache mit Brooklyn eingesetzt
Bethel: wörtlich übersetzt »Haus Gottes«. Im Sprachgebrauch der Zeugen Jehovas die Bezeichnung für die Zentralen der Sekte
Bethel-Diener/Bethel-Leute: die im Bethel arbeitenden Zeugen Jehovas
Bethel-Familie: Bezeichnung für die Gesamtheit der im Bethel beschäftigten Zeugen Jehovas
Bezirksdiener/Bezirksaufseher: verantwortlicher Zeuge Jehovas für die Versammlungen mehrerer Kreise, die in einem Bezirk zusammengefaßt sind
Dienstamt: verantwortliche Funktion in einer Versammlung, z. B. als Literaturdiener. In der Hierarchie unterhalb der Ältesten
Felddienst/Predigtdienst: Bezeichnung für die Missionsarbeit der Verkündiger
Gemeinschaftsentzug: Exkommunikation eines Glaubensgenossen. Bei Jehovas Zeugen ist diese Strafe gleichbedeutend mit dem »geistigen Tod«, der Vernichtung an Harmagedon
Harmagedon: Gottes Gerichtstag, an dem alle Gott nicht wohlgefälligen Menschen vernichtet werden
Kreis: mehrere Versammlungen der Zeugen Jehovas, zu einer Kreisorganisation zusammengefaßt
Kreisdiener/Kreisaufseher: verantwortlich für die Versammlungen eines Kreises. Kontrolliert gewöhnlich zweimal im Jahr die Arbeit aller Versammlungen
Leitende Körperschaft: Führung der Watchtower Bible and Tract Society, der Muttergesellschaft der Zeugen Jehovas
Neue-Welt-Gesellschaft: anderer Ausdruck für die Wachtturm-Gesellschaft
Pionier: Verkündiger, der sich gegenüber der Sekte verpflichtet hat, mindestens neunzig Stunden pro Monat in den Felddienst zu gehen

Rechtskomitee: bestehend aus mindestens drei Ältesten. Entscheidet bei Verstößen gegen die Glaubens- und Moralgesetze der Sekte über die Bestrafung des Übeltäters

Reichsdiener: bis 1945 die Bezeichnung für den Führer der Zeugen Jehovas im Deutschen Reich

Schuldiener: leitet die Schulung der Verkündiger in der Predigtdienstschule

Sonderpionier: Verkündiger, der sich gegenüber der Sekte verpflichtet hat, mindestens 120 Stunden pro Monat in den Felddienst zu gehen. Wird meist in Gebieten eingesetzt, in denen es noch keine Versammlungen der Zeugen Jehovas gibt

Verkündiger: jeder Zeuge Jehovas, der am Monatsende seinen Predigtdienstbericht abgibt und damit nachweist, daß er im Felddienst war

Vollzeitpionier: Pionier und Sonderpionier

Zweig: nationale Sektion der Zeugen Jehovas

Zweigbüro: Zentrale einer nationalen Sektion der Zeugen Jehovas

Zweigkoordinator: Zeugen-Funktionär aus dem Zweigkomitee, der Führungsgruppe eines Länderzweiges. Nur der Leitenden Körperschaft gegenüber verantwortlich. Deren Kontrollorgan in den nationalen Zweigen. Meist sind es Amerikaner

Vorwort

Sie sind überall: an Straßenecken stehend, starr und unbeweglich, mit wächsernen und seltsam ausdruckslosen Gesichtern, die Hand mit »Wachtturm« und »Erwachet!« hochgestreckt — Jehovas Zeugen. Aber wer weiß schon etwas über diese Sekte? In den Medien fristet sie ein Schattendasein, sehr zum eigenen Vorteil. Wird einmal über sie berichtet, dann geht es meist um das Sensationsthema »Bluttransfusion«, ansonsten schreiben die Kollegen mehr oder weniger blauäugig die Pressemitteilungen der Wachtturm-Gesellschaft ab.

Im religiösen Niemandsland zwischen Kirchen und Jugendsekten verrichten die »Menschenfischer«, wie sie sich gern selbst nennen, ihr einträgliches Verlagsgeschäft. Mit dem Verkauf ihrer Zeitschriften und Bücher machen sie Millionen. Versucht jemand, dem Wesen dieser Religionsverkäufer auf die Spur zu kommen, dann herrscht im Hauptquartier der Sekte Funkstille. Unbequeme Fragen werden nicht beantwortet.

Als gläubiger Sektenanhänger getarnt, begann ich die erste Undercover-Arbeit meines noch kurzen Journalistenlebens. Ich hatte keine Ahnung, auf was ich mich einließ. Es schien mir spannend und interessant, ja sogar ein wenig abenteuerlich. Dieses Gefühl gab sich bald. Dafür kamen Gewissensbisse. Ich fühlte mich mies bei dem Gedanken, daß die Gläubigen meiner Versammlung mich für einen der ihren hielten und mir vertrauten. In diesen ersten Wochen war ich drauf und dran, die Geschichte aufzugeben, meines eigenen Seelenfriedens wegen. Daß ich es dann doch nicht tat, hatte damals nur einen Grund: Ich hatte vom »stern« einen Vorschuß für meine Arbeit erhalten und war in der Pflicht.

Doch allmählich wuchs mein Einblick in das, was die Zeugengemeinde hinter der Fassade aufdringlicher Freundlichkeit und demonstrierter Frömmigkeit verbarg: Neid, Mißgunst, Angst und Verlogenheit. Ich erkannte, daß Zeugen Jehovas nicht nur Opfer waren, sondern auch aggressive Täter, die ihrerseits wieder schwächere Opfer suchten. In unserer Gesellschaft finden sie die reichlich: Arbeitslose, Geschiedene, Alkoholiker, Selbstmordgefährdete — Gescheiterte und Enttäuschte aller Schattierungen, beladen mit dem Frust einer Ellenbogengesellschaft, in der nur der Starke einigermaßen über die Runden kommt. Meist sind diese Menschen so schwach und labil, daß die gut geschulten Verkündiger der Zeugen Jehovas leichtes Spiel haben.

Meinem anfänglichen schlechten Gewissen folgte ohnmächtige Wut. Um nicht enttarnt zu werden, machte ich gute Miene zum bösen Spiel. Manchmal fiel es mir sehr schwer, meine wahre Meinung zu verbergen, wenn zum Beispiel in meiner Gegenwart eine ältere »Schwester« heruntergeputzt wurde, nur weil sie den Aufsehern zu direkt war.

Auch außerhalb des Königreichssaales mußte ich aufpassen. Ich durfte mich nicht dabei erwischen lassen, wie ich wählen ging, mit Freunden am Stand der

Friedensinitiative diskutierte oder einfach nur mal abends in einer Kneipe ein Bierchen trank. Hätte man mich dabei gesehen, wäre sofort Mißtrauen geweckt worden. Ein Zeuge Jehovas tut so etwas nicht. Nach zwei Jahren schrieb ich meinen Bericht. Nach der Veröffentlichung im »stern« kamen Dutzende von Leserbriefen wütender Sektenmitglieder. Wichtiger als die Reaktion der Zeugen Jehovas wäre mir ein Echo der politisch Verantwortlichen gewesen. Aber die schweigen. Sie finanzieren Jehovas Zeugen weiterhin mit Steuererleichterungen. Im Sommer 1983 hat ein SPD-Bundestagsabgeordneter in einer kleinen Anfrage auf die Gefahren durch »Jugendsekten« hingewiesen. Wie immer fiel kein Wort über klassische Sekten wie Jehovas Zeugen. Dabei betreibt gerade diese »stille Sekte« Persönlichkeitsveränderung in einem viel größeren und zum Teil auch gefährlicheren Ausmaß, von der finanziellen Ausbeutung ihrer Anhänger ganz zu schweigen.

Ihr gutes Image haben Jehovas Zeugen nicht verdient.

11

Die Menschenfischer kommen

»Wir kommen im Auftrag der Neue-Welt-Gesellschaft und bringen Ihnen die frohe Botschaft.« Die beiden Frauen vor meiner Wohnungstür waren auf kuriose Weise gegensätzlich. Die ältere schätzte ich auf mindestens siebzig. Sie trug einen grauen Mantel, derbe Schuhe und um den Hals ein buntes Kopftuch. Ihr faltiges Gesicht glänzte talgig wie der Kopf einer Wachsfigur. Die andere war bestimmt dreißig Jahre jünger, mit schuhcremeschwarzer Perücke, hochtoupiert zu einer Frisur der sechziger Jahre, dick nachgezogenen Augenbrauen, getuschten Wimpern, knallroten Lippen und Fingernägeln. »Sie sind Zeugen Jehovas, nicht wahr?« vermutete ich. Ich erinnerte mich noch undeutlich an Gespräche, die ich vor vielen Jahren mit Jehovas Zeugen an der Wohnungstür geführt hatte. Aus Weltverbessererlaune, natürlich ohne Ergebnis. Nach kurzem Streitgespräch hatten die Zeugen gemerkt, daß bei mir kein Blumentopf zu gewinnen war, und waren abgezogen, um ihre Zeit lieber »gutwilligen Schäfchen« zu widmen.
Auf eine ermüdende Debatte mit fanatischen Gläubigen hatte ich nun keine Lust mehr, aber die beiden Frauen taten mir irgendwie leid. Ich wollte sie abwimmeln, ohne schroff zu werden.

»Kennen Sie uns?« fragte die Ältere lächelnd.
»Wissen Sie«, überging ich ihre Frage, »bei mir hat
Ihre Mission keinen Sinn, ich bin Atheist.«
Aber so leicht waren die beiden Frauen nicht zu ent-
mutigen: »Wir sprechen mit Menschen aller Weltan-
schauungen. Und wenn Sie Atheist sind, dann haben
Sie der großen Hure Babylon ja bestimmt schon den
Rücken gekehrt?«
Große Hure Babylon? Sie mußte meine Unkenntnis
meinem Gesicht angesehen haben: »Ich meine die
Kirche, Herr Nobel. Sie sind doch sicher längst aus-
getreten, oder?«
Als ich bejahte, schien sie erleichtert. »Na, seh'n Sie,
dann waren Sie bestimmt auch enttäuscht darüber,
wie wenig sich die Kirchenfürsten nach der Bibel
richten?«
Nun waren wir schon mitten im Gespräch.
»Wenn ich Ihnen mal kurz vorlesen darf, was die
Heilige Schrift über falsche Christen . . .«
Die Alte blätterte bereits in der Bibel, die sie vorher in
Windeseile aus ihrer Einkaufstasche gezogen hatte.
»Hören Sie«, unterbrach ich ihre Rede schließlich
doch barsch, bevor sie mit dem Zitieren anfangen
konnte, »ich habe gerade Besuch. Heute paßt mir das
wirklich nicht.«
Die alte Frau sah von der Bibel auf und verzog keine
Miene. Während mein Ton zusehends schärfer
wurde, veränderte sich ihre aufdringliche Freundlichkeit um keinen Deut.
»Dann versuchen wir es einfach in der nächsten Woche noch mal«, sagte die Alte und holte eine Zeitschrift hervor. Es war »Der Wachtturm«.
Die Titelseite mit dem stilisierten Zinnenturm und
der Illustration wirkte hausbacken. Eine Bleistift-

1. NOVEMBER 1981   NR. 21

DER WACHTTURM

verkündigt Jehovas Königreich

KANN DER TOD BESIEGT WERDEN?

zeichnung in blassem Grau und Gelb. Vor dem Hintergrund eines Friedhofs blickte eine Frau mit reinen Gesichtszügen nachdenklich auf die Titelzeile: »Kann der Tod besiegt werden?« Die alte Zeugin drückte mir das Heft in die Hand. »Vielleicht sehen Sie bis zu unserem nächsten Besuch einmal hinein. Es kostet nur dreißig Pfennig.« Ich bezahlte, und die beiden gingen. Nach ein paar Tagen fiel mir das Heft beim Aufräumen wieder in die Hände. Aus Langeweile fing ich an zu blättern. Es war illustriert im Werbegraphikstil der fünfziger Jahre. Beim Lesen konnte einem angst und bange werden. Dieser Gott »Jehova«, von dem darin die Rede war, war nicht der »liebe Gott«, den ich aus dem Konfirmandenunterricht kannte. »Wenn Jehova zum Krieg von Harmagedon auszieht«, stand da, »wird er die Pest vor sich hersenden und die Opfer einer tödlichen Fieberglut hinter sich zurücklassen.« Harmagedon, Gottes Gerichtstag, wurde prophezeit als mörderisches Gemetzel, wo alles Böse zerschmettert wird, Blut in Strömen fließt und sich Würmer über Leichenberge von Milliarden Ungläubiger hermachen. Jehovas Zeugen sind sich sicher: Hungersnöte, Kriege und Erdbeben, zunehmende Gesetzlosigkeit und soziale Not sind Symptome einer verdorbenen und zum Tode verurteilten Welt, Zeichen Gottes. Und sie sind überzeugt, Harmagedon ist nahe. Doch sie versprechen allen Menschen Rettung vor diesem fürchterlichen Gerichtstag Gottes und ein Weiterleben in einem tausendjährigen paradiesischen Dasein auf Erden. Jesaja 11: »Der Wolf wird tatsächlich bei dem männlichen Lamm weilen, und beim Böcklein wird selbst der Leopard lagern und das Kalb und der mähnige Löwe und das wohlge-

nährte Tier, alle beieinander; und ein noch kleiner
Knabe wird sie führen.« Nur eine kleine Vorausset-
zung muß man dafür erfüllen: Man muß Jehovas
Zeuge sein. Alle anderen werden sterben.
Mit dieser einfachen Gleichung gewinnt die Sekte
bei uns jährlich 3000 neue Glaubensbrüder. Was
geht in den Köpfen von Menschen vor, die sich von
solchen Parolen ködern lassen? Woher nehmen Jehovas Zeugen die Kraft, die entwürdigende Klinkenputzerei durchzustehen? Und was verbirgt sich hinter
der ominösen Wachtturm-Gesellschaft, die weit entfernt in Brooklyn sitzt und im Impressum des
»Wachtturm« als Herausgeber angegeben wird?
Wollte ich darauf Antworten finden, mußte ich mehr
erfahren, als im »Wachtturm« stand. Die Sektenleitung würde bei kritischen Fragen mauern, das
konnte ich den Erfahrungen anderer Journalisten
entnehmen, die vor mir über die Zeugen Jehovas berichtet hatten. Und aus den straff geführten Versammlungen würde auch niemand wichtige Informationen an einen Reporter »aus der Welt« weitergeben. Der Weg zur »Wahrheit«, die Bezeichnung der
Zeugen für ihre Glaubenslehren, mußte über andere
Pfade führen: Ich mußte ein Zeuge Jehovas werden.
»Ich hoffe, daß Sie diesmal mehr Zeit für uns haben.« Eine Woche nach ihrem ersten Besuch standen
die beiden Verkündigerinnen wieder vor meiner Tür.
Die Wachsgesichtige fragte mich, ob ich den »Wachtturm« gelesen hätte. »Oh, ja!« bestätigte ich freundlich und bat die beiden herein. Sie sahen sich zufrie-
den an. Es war der Blick von Jägern beim Anblick
von Wild. Im Geiste war ich wohl schon einer von
ihnen.
Die Alte saß kaum, da legte sie bereits los. Freund-

lich, aber mit einem Unterton, der keinen Widerspruch zuließ. Nach Auffassung der Zeugen Jehovas ist die ganze Bibel wortwörtlich von Gott inspiriert. Demnach war Adam der erste Mensch, Eva wurde aus seiner Rippe geformt, und Jesus Christus wurde von einer Jungfrau geboren. Überhaupt sei alles darin Niedergeschriebene die absolute Wahrheit. »Für uns ist die Bibel die Gebrauchsanweisung fürs Leben.« Zwar ändere sich die Auslegung dann und wann, ihr werde jedoch »immer mehr Licht zuteil«. Vater der Schriftauslegung ist einzig und allein der »treue und verständige Sklave«, die Führung der Wachtturm-Gesellschaft in New York. Dieser »göttliche Kanal« hat in der Bibel eine Chronologie erkannt, nach der Jesus Christus seit 1914 im Himmel als König inthronisiert ist. »Nach dieser Chronologie ist auch die Berechnung von Harmagedon möglich«, erklärte die alte Zeugin.

Daß Jehovas Zeugen das Ende der Welt bereits für 1914, 1918, 1925 und 1975 voraussagten, verschwieg sie. Ebenso die 25 000 enttäuschten Glaubensbrüder, die die Sekte nach der letzten Falschberechnung verließen. Statt dessen erzählte sie mir von den »besonders treuen und ausharrenden Gliedern ihrer Gemeinschaft, den Säulen der wahren Christen«: »Eines Tages werden sie unter den 144 000 Gesalbten mit Gott im Himmel herrschen.« Für die meisten der Zeugen Jehovas, die »große Volksmenge«, bliebe das irdische Paradies. Nach zwei Stunden kam die Verkündigerin zum Schluß: »Hätten Sie nicht Lust, einmal in der Woche, für ein, zwei Stunden, mit uns die Bibel zu studieren?«

Ich willigte ein. Hätte ich gewußt, was damit auf mich zukam, ich hätte die Finger davon gelassen.

Die Rentnerin Else Quast*, 72, und die Näherin Petra Magd*, 42, kamen von diesem Tag an jeden Dienstag. Sie nannten es »Heimbibelstudium«. In Wirklichkeit studierten wir ein kleines blaues Büchlein mit dem vielversprechenden Titel: »Die Wahrheit, die zum ewigen Leben führt«. Das »Wahrheitsbuch« (Zeugen-Jargon: »Die blaue Bombe«) ist in einer Rekordauflage von 102 Millionen Exemplaren gedruckt und nach der Bibel das meistverkaufte Buch der westlichen Welt. Es kostet zwei Mark. Abwechselnd lasen wir aus dem »Wahrheitsbuch« kleine Absätze. Zu jedem Absatz mußte ich Fragen beantworten. Tat ich es mit eigenen Worten, runzelte Schwester Quast die Stirn und quittierte es mit einem müden »Mmh, mmh«. Nach und nach dämmerte es mir: Selbstformulierte Antworten waren gar nicht erwünscht. Lautete die Frage: »Warum können wir froh sein, daß Jehova allmächtig ist?«, dann mußte ich die Antwort einfach dem vorher gelesenen Text entnehmen: »Weil Jehova seine Macht immer zu einem rechten Zweck und zum Besten derer anwendet, die das Rechte lieben.«
Es war so einfach wie die sattsam bekannten Preisrätsel großer Firmen, die ihre Lösungen der Einfachheit halber auch gleich in die Fragestellung einbauen. Für derart simple Antworten erntete ich aber jedesmal ein begeistertes »Bravo, Herr Nobel!«, und die blauen Augen der alten Frau strahlten. Zur Beweisführung wurden nach jedem Absatz kurze Bibelstellen gelesen. Die waren im Wahrheitsbuch angegeben. Dabei ging es kreuz und quer durch die 66 Bibelschriften.

---

* Die mit diesem Zeichen versehenen Namen wurden geändert. Die richtigen Namen sind dem Autor bekannt.

Ob Altes, ob Neues Testament, ob Matthäus, Markus oder Lukas, irgendein Zitat paßte immer. So ging es Dienstag für Dienstag. So banal dieses Verfahren scheint, auf Dauer wirkt es. Das eigene Denkvermögen schläft ein, die Sprache verkommt zu einem Papageiengeplapper, man wird zum Wiederkäuer stereotyper Wachtturm-Wahrheiten. Es war wie in George Orwells »1984«. Darin verhindert der »große Bruder« mit der Schaffung einer »Neusprache« die Möglichkeit eines »Gedankenverbrechens«. Auch die Wachtturm-Gesellschaft hat ihre »Neusprache«. Formulierungen wie »Menschen guten Willens«, »unseren Herzenszustand prüfen«, »in der Wahrheit sein«, »ständig mehr Licht zuteil«, »treuer und verständiger Sklave« sind Ausdruck dieses sekteneigenen Kauderwelschs. Kein Außenstehender versteht diese Sprache. Innerhalb der Sekte jedoch ist sie Pflicht. Mit dieser Sprachbarriere schützt sich die Sekte auch vor Kritik von »draußen«. Denn Kritiker, die der Zeugen-Sprache nicht mächtig sind, besitzen im Weltbild der Brüder und Schwestern keine Kompetenz.

Auch ich ließ mich langsam einlullen. Nur noch selten konnte ich mich dazu aufraffen, den programmierten Ablauf von beten, lesen und antworten zu durchbrechen und eigene Fragen zu stellen. Gelang es mir hin und wieder doch einmal, waren meine Fragen für Frau Quast immer »aus der Welt« und gehörten »hier gar nicht hin«.

Die Verkündigerinnen unterschieden sich nicht nur äußerlich. Else Quast kam kurz nach Ende des Zweiten Weltkrieges zur »Wahrheit«. Nachdem sie zwei Ehemänner überlebt hatte, wurde das »Verkündigungswerk« der Zeugen Jehovas schon bald ihr gan-

zer Lebensinhalt. Von morgens bis abends ist sie seitdem mit dem »Wachtturm« unterwegs.

Das Leben ohne Ehemann und ganz auf sich allein
gestellt, hat die alte Frau resolut gemacht. Als Verkündigerin zeigt sie im Felddienst keinerlei Hem-
mungen. Sogar während der Rückfahrt vom Straßen-
dienst, im vollbesetzten Bus, versuchte sie zwischen
drei Haltestellen noch schnell einen »Wachtturm« an
den Mann zu bringen. »Sie haben doch sicher schon
mal etwas von Jehovas Zeugen gehört!« sprach sie
den überraschten Fahrgast unvermittelt an.

Ihren eigenen unermüdlichen Einsatz verlangt sie
auch anderen ab. Das ärgert manchen berufstätigen
Glaubensbruder in der Versammlung, für den das
Missionieren nach Feierabend zermürbende Verkün-
digerpflicht darstellt, mit deren Erfüllung er sich das
Überleben an Gottes Gerichtstag sauer verdienen
muß.

Hinter der grellen Fassade von Petra Magd, die sich
mit viel kosmetischer Farbe und pechschwarzer Perücke aufdonnerte wie eine Bardame aus dem nahen
St. Pauli, verbarg sich ein eher stilles und schüchter-
nes Wesen. Neben der agilen und offensiven Schwester Quast wirkte die unverheiratete Verkündigerin
gehemmt. Sie stand völlig im Schatten der alten
Quast. Während unseres zweijährigen Heimbibelstudiums ließ sie sich nicht einmal von Schwester Quast
dazu bewegen, das Anfangs- oder Schlußgebet zu
sprechen. In dem Frage- und Antwortspiel der Versammlungen, wo andere Bücher abschnittweise studiert wurden wie das »Wahrheitsbuch«, meldete sie
sich fast nie.

Petra Magd, die als Näherin in einem großen Ham-
burger Kaufhaus arbeitete, war nicht ganz so welt-

fremd und fanatisch wie Schwester Quast. Während unseres Heimbibelstudiums konnte ich sie sogar manchmal zu einem Gespräch über Urlaub oder Fernsehprogramm »verführen«. Bei Schwester Quast gelangen mir derartige Ablenkungsmanöver, mit denen ich dem Herunterleiern von Bibelversen für einen Augenblick entfliehen wollte, so gut wie nie. Die beiden Frauen kames jedesmal auf die Minute pünktlich. Es war ein eingespieltes Ritual: Aus ihren Taschen zauberten sie im Nu so viele Schriften, Traktate und Bücher hervor, daß auf dem Tisch kaum noch Platz war. Vor dem Anfangsgebet kam das Geschäft. »Na, Herr Nobel, was wird dieses Buch wohl kosten?« ließ mich Frau Quast immer raten. Sie griff nach einem Buch und hielt es mir zur Begutachtung dicht vors Gesicht. »Na...«, sagte ich dann mit gespielter Nachdenklichkeit, denn das gehörte zum Ritual, »... so um die zehn Mark.« Ich machte ihr die Freude und setzte meine Schätzung jedesmal zu hoch an. Dabei wußte ich schon nach dem ersten Verkaufsgespräch, daß die Bücher der Wachtturm-Gesellschaft sehr billig sind. »Wo denken Sie hin«, triumphierte sie dann, »dieses gebundene Buch kostet nur drei Mark!« Ich kaufte es. Nach einem halben Jahr nahm die Literatur der Wachtturm-Gesellschaft in meinem Bücherregal einen Meter Raum ein.

Gegen-Darstellungen*

Immer wieder macht man den Vorwurf falscher Berechnungen vom Ende des Weltsystems. Aber keiner spricht über die ständigen falschen Prognosen führender Männer und Politiker, die sich selten selber revidieren. Jehovas Zeugen haben hingegen Irrtümer immer revidiert.

M. N., Osnabrück

Auch Präsident Reagan ist der Meinung, daß Harmagedon nahe ist (siehe SZ, 31.10.83).

J. G., Garching

Das Wahrheitsbuch sowie alle anderen Publikationen der Gesellschaft sind lediglich Mittel zum Prüfen dessen, was die Bibel schreibt. Wir sind daraufhin auch in der Lage, unsere Gegenargumente biblisch zu untermauern.

E. A., Bad Harzburg

Sie tun so, als wenn wir die Schrift gefälscht haben. Harmagedon entspringt nicht unseren Hirnen, sondern der Allmächtige macht seine Rache bekannt an Menschen, die unschuldiges Blut vergießen. Es ist Jehova, welcher den Menschen eine Hoffnung gibt,

---

* Alle GEGEN-DARSTELLUNGEN dieses Buches wurden Leserbriefen entnommen, die der Autor nach Veröffentlichung im »stern« erhielt.

durch die frohe Botschaft, daß sein Sohn in Bälde die Herrschaft über die Erde antreten wird, und alles Böse und Ungerechte wird der Vergangenheit angehören.

K. M., Baindt

Da Herr Nobel sich einst ein Zeuge Jehovas nannte, müßte er eigentlich wissen, daß es bei dieser Glaubensgemeinschaft keine Mitglieder gibt. Entweder bezeugt man öffentlich, daß Jehova der höchste Souverän im ganzen Universum ist, oder man ist eben kein Zeuge Jehovas — stumme Zeugen gibt es bekanntlich nicht. Auch habe ich noch nie gehört, daß ein »Wachtturm« verkauft werden muß.

Allerdings gibt es bei Jehovas Zeugen wirklich »Falschspieler Gottes«. Das beste Beispiel dürfte Herr Nobel sein. Wenn dieser Herr wirklich ehrlichen Herzens einstmals ein Zeuge Jehovas gewesen wäre, wüßte er, wieviel Überwindung und Mühe es kostet, unhöfliche und gegnerische Menschen zu besuchen, um ihnen zu helfen, Gottes Wort zu verstehen, um eventuell Harmagedon zu überleben. Wofür allerdings keiner einen Freibrief hat. »Nur wer bis ans Ende ausharrt, wird errettet werden«, heißt es in der Bibel. Was Jehovas Zeugen tun, ist Liebe zum Nächsten, keine Klinkenputzerei. Von müssen kann da auch kaum die Rede sein, denn zu so etwas kann man niemand zwingen, sondern der Wunsch des einzelnen ist maßgebend, Gott zu gefallen: »Gott liebt einen fröhlichen Geber.« Und ich weiß von vielen, daß sie glücklich sind, Gottes Gebot erfüllen zu dürfen, daß nämlich die gute Botschaft vom Königreich allen gepredigt wird und daß dann das Ende kommt.

Zudem: Wem schadet diese Botschaft? Steht es

nicht jedem frei, diese anzunehmen oder abzu-
lehnen? *H. D., Freiburg*

Harmagedon ist kein mörderisches Gemetzel, sondern die Vernichtung aller bösen Menschen.
C. und N., 13 Jahre alt, Wiesbaden

Die Zeugen Jehovas predigen nicht im Auftrag der
Wachtturm-Gesellschaft. Sie entnehmen ihren Auftrag der Bibel.
Wir wollen nicht Bücher verkaufen, sondern den
Menschen helfen, die Bibel zu verstehen. Unsere
Literatur wird lediglich zum Selbstkostenpreis ange-
boten. In vielen Fällen wird unsere Literatur sogar
kostenlos überlassen. In Ländern ohne Pressefreiheit
predigen Jehovas Zeugen die gute Botschaft, auch
ohne Literatur zu »verkaufen«. *D. R., Offenburg*

Ihr Herr Nobel war gar nicht so nobel. Er hat sich wie
ein Agent des Geheimdienstes in die Reihen der Zeu-
gen Jehovas eingeschlichen, um mit allen Mitteln der
Charakterlosigkeit und Selbstgeltung die eigene
Überheblichkeit zu produzieren mit nur einem Ziel:
Material für diesen Schmähartikel zu sammeln.
H.-J. F., Nindorf

Jehovas AG —
Milliarden mit dem Seelenheil

Je mehr verkaufte Bücher,»Wachttürme« und»Erwachet!«, je mehr Predigtdienststunden im Straßen-oder Haus-zu-Haus-Dienst, desto sicherer das Überleben an Gottes Gerichtstag. Nach dieser einfachen Regel hält die Wachtturm-Gesellschaft Millionen Verkündiger auf Trab. Von Grönland bis zu den Falklandinseln missionieren Jehovas Zeugen auf Befehl des»treuen und verständigen Sklaven« in 205 Ländern, in sozialistischen Staaten und einigen Ländern der dritten Welt auch gegen behördliche Verbote. Dabei verkaufen die unermüdlichen Verkündiger jährlich eine knappe halbe Milliarde Exemplare der Sektenpostillen»Der Wachtturm« und»Erwachet!«. Die beiden Zeitschriften erscheinen vierzehntägig,»Erwachet!« in 54,»Der Wachtturm« in 102 Sprachen — und werden sämtlich in sekteneigenen Drukkereien hergestellt.»Erwachet!« behandelt weltliche Themen mit biblischen Weisheiten,»Der Wachtturm« dient als Propagandablatt für religiöse Grundsatzfragen. Die Einnahmen aus diesen Groschenheften betrugen im Jahre 1983 schätzungsweise 140 Millionen Mark.

Hinzu kommen die Umsätze aus Büchern. Nach eigenen Angaben druckte allein der amerikanische Zweig der Zeugen Jehovas im Jahre 1982 fast 21 Millionen Bücher und zwölf Millionen Broschüren. Die Bruttoeinnahmen aus der weltweiten Buchproduktion betrugen zirka 100 Millionen Mark. Hinzu kamen 25 Millionen aus dem Verkauf von Musikkassetten.

Hohe Beträge erhält die Sekte auch aus Spenden und Erbschaften ihrer Anhänger. In den Versammlungen werden die Gläubigen dazu aufgefordert, ihr Testament zugunsten der Wachtturm-Gesellschaft aufzusetzen. »Jehova liebt die freudigen Geber«, heißt es dann.

Zuverlässige Zahlen über den Vermögensstand der Sekte sind kaum zu bekommen. Günther Pape, Sektenfachmann der katholischen Kirche und ehemaliger hauptamtlicher Prediger und Missionar der Zeugen Jehovas, stellte 1967 eine Modellrechnung auf: Bei einem Reingewinn von nur 1,10 Mark pro verkauftem Buch, einem Spendenaufkommen von knapp 40 Millionen Mark und sonstigen Einnahmen aus Kongreßgebühren und Nebengeschäften habe die Sekte bereits 1967 einen Reingewinn von 124 Millionen Mark erwirtschaftet. Pape: »Diese Berechnungen basieren auf den niedersten Sätzen, um durch Schätzung nicht zu hoch zu kommen und einen eventuellen Ausgleich für die Zeugen in ärmeren Ländern mit einzukalkulieren. Nicht berücksichtigt sind die Einkommen aus Zinsen.«

Noch vorsichtiger war die DDR-Kirchenzeitschrift »Christliche Verantwortung«: Sie schätzte den Reingewinn für das Jahr 1968 auf 69 Millionen Mark.

Heute, 16 Jahre danach, dürften die Zeugen Jehovas schon Bruttoeinnahmen von fast einer dreiviertel Milliarde Mark verbuchen. Das entspricht dem Jahresumsatz des deutschen Waffenproduzenten Dornier. Aber die bekanntermaßen hohen Profite der Rüstungskonzerne sind — legt man die Papeschen Annahmen zugrunde — nichts gegen die Gewinne des religiösen Verlagsgiganten. Wenn man die Kosten für Wareneinsatz und Personal abzieht, bleiben zirka 625 Millionen Mark jährlich. Dagegen sind die Profite anderer Sekten, wie Bhagwanis oder Moonis, bessere Taschengelder.

Der Verlag und die Zentrale der Zeugen Jehovas bildeten eine Aktiengesellschaft, die »Watchtower Bible and Tract Society of New York, Inc.«. Ihr erster Präsident, Charles Taze Russel, machte aus dem kommerziellen Ziel der Gesellschaft auch nie einen Hehl. Unter seiner Herrschaft hieß es in den Veröffentlichungen: »Wachtturm Bibel- und Traktat-Gesellschaft. Das ist der Name einer Geschäftsfirma, die sich mit der Herausgabe von wichtigen religiösen Büchern und Zeitschriften befaßt.« Heute befinden sich die Aktien im Besitz von einigen wenigen Sektenführern um den greisen Präsidenten der Watchtower Society, Fred Franz. Bis 1944 konnten Anteile an der AG noch von jedem Gläubigen für zehn Dollar gekauft werden und mit ihnen das Stimmrecht.

Heute wird über die geschäftlichen Hintergründe der Watchtower Society der Mantel des Schweigens gedeckt. Im Gegensatz zu den großen Kirchen, die jährlich über ihre Finanzen Rechenschaft legen, veröffentlicht die Wachtturm AG keine Bilanzen.

Organisatorisch ist die Sekte in drei Unternehmen aufgeteilt. Die Watchtower Bible and Tract Society of Pennsylvania ist das ideologische Machtzentrum der Sekte. Ihr gehört die sekteneigene Bank Watchtower Treasures. Die Watchtower Bible and Tract Society of New York, Inc. (Zeugen-Jargon: »Columbia

Heights«) ist Besitzerin der Liegenschaften, Druckereien und sonstigen Anlagevermögen; alle Zweige der Zeugen Jehovas müssen für die Veröffentlichung von Literatur an die New Yorker Incorporation Lizenzgebühren zahlen. Die International Bible Students Association ist die Feuerwehr unter den drei Gesellschaften. Sie erledigt Sonderaufgaben, wenn die anderen Gesellschaften aus rechtlichen Gründen nicht agieren können. Außerdem ist sie Eigentümerin des englischen Watchtower-Besitzes. Personell sind die Führungsgremien der drei Gesellschaften fast identisch besetzt.

Marley Cole, Hauschronist der Zeugen-Gemeinde, beschreibt die Aufgabe des Millionen-Managements in seinem Buch »Zeugen Jehovas« so: »Die New Yorker Körperschaft ist ein nicht auf Gewinn aufgebautes Unternehmen, das nur dazu dient, Werke der Nächstenliebe und des guten Willens durchzuführen, und alle Geldmittel werden zu diesem Zweck verwendet.«

Nächstenliebe heißt im Sprachgebrauch von Jehovas Zeugen nicht etwa, Hungernden und Kranken, Behinderten und Armen finanziell zur Seite zu stehen. Für karitative und diakonische Zwecke gibt die Führung der Watchtower Society keinen Heller aus. Nächstenliebe heißt vielmehr, die Worte Jehovas in der Welt zu verkündigen — und Kapital zu mehren, um diese Worte noch mehr Menschen »aus der Welt« bekannt zu machen.

Gegen-Darstellungen

Es ist nicht wahr, daß Jehovas Zeugen glauben, daß ihre »Harmagedon-Überlebenschancen« mit höherem Stundeneinsatz steigen. *B. M., Jever*

Daß Jehovas Zeugen alle angeblichen Gewinne für das Predigtwerk, einschließlich Bau von Versammlungsstätten, Herstellung riesiger Mengen von Büchern und Zeitschriften, Finanzierung notwendiger Herstellungsmaschinen, Unterstützung mittelloser Vollzeitprediger usw. verwenden, ist einzigartig.
R. T., Meßkirch-Rohrdorf

Über das »Warum« in den USA als Aktiengesellschaft eingetragen, hätten sie sich genauer informieren müssen. Die Gesellschaft als »geldgieriges Kapitalimperium« zu bezeichnen, ist für Kenner dieser Organisation eine Falschdarstellung, wie ihresgleichen nur in kommunistischen Hetzparolen zu finden ist. *G. K., München*

Die dümmlichste Lüge betrifft die »Profite« aus dem Druckkostenbeitrag der Zeitschriften (30 Pf). Diesen Betrag mit den abgegebenen Zeitschriften hochzurechnen und daraus die Gewinne abzuleiten, dazu gehört schon allerhand. In Wirklichkeit können die enormen Druck- und Papierkosten nur durch freiwillige Spenden und unentgeltliche Mitarbeit gedeckt werden. Glauben Sie allen Ernstes, der deutsche Fiskus würde Jehovas Zeugen die Gemeinnützigkeit zuerkennen, wenn die von Ihnen erfundenen Gewinne erzielt würden?   *W.-D. H., Karlsruhe*

Wir sind keine Aktiengesellschaft. Sonst möchte ich hier fragen, welche Aktien man wohl bei uns kaufen kann.   *L. M., Münster*

Wenn Sie uns schon mit Bhagwanis vergleichen, sollten Sie nicht außer acht lassen, daß bei uns die sogenannten »Chefs« keine 28 Rolls-Royce besitzen und sich auch sonst in keiner Weise als etwas Besseres vergöttern lassen. Wir sind alle gleich vor Gott — Menschen.   *M. N., Karlsruhe*

Geschulte Klinkenputzer Gottes

In den Predigtdienstschulen der Sekte einheitlich gedrillt, predigen weltweit über 2,6 Millionen Zeugen Jehovas an den Haustüren die »gute Botschaft« und die »Verheißungen der Bibel«. Für dieses »Zeugnisgeben« lernen sie, wie man Leute an den Türen anspricht, eine Kurzpredigt aufbaut, zum Zeitschriftenverkauf überleitet und den Rückbesuch rhetorisch vorbereitet.

Dies wird in Rollenspielen geübt. Wie in einer professionellen Rednerschule pauken die Zeugen Jehovas richtige Betonung, saubere Aussprache und das Setzen von Redepausen. Die Rhetorikkurse werden wöchentlich in den Königreichssälen durchgeführt, den Kirchen der Zeugen-Gemeinden.

Die Watchtower Bible and Tract Society hat dafür eigens eine Fibel ins Verlagsprogramm aufgenommen, die jeder Zeuge erwerben muß. Das braune Büchlein, »Leitfaden für die Theokratische Predigtdienstschule«, enthält auf 192 Seiten 38 Lehrstücke für die Missionstouren durch die Treppenhäuser. Lektion Nummer eins erklärt den Sinn der Übung: »Wir wollen nie den starken Einfluß klarer, einfacher, gut gewählter Worte der Wahrheit unterschätzen. Sie können erfreuen, sie können begeistern, sie können einen bewegen, etwas zu tun.«

Etwas tun heißt für die Zeugen vor allem: mehr Zeitschriften und Bücher zu verkaufen, mehr »Verkündiger zu machen«.

In den Predigtdienstschulen muß jeder mitmachen. Drücken gibt's nicht. Darauf achtet der Schuldiener, der die Lernaufgaben verteilt und benotet. Der Unterricht verläuft schulmäßig: Vor aufgeschlagenen Büchern sitzen Dutzende von Zeugen im Saal, auf der Bühne doziert der Schuldiener den Stoff. Zitiert er wörtlich aus dem braunen Buch, geht ein Rascheln durch den Saal: Brav suchen die Schüler die entsprechenden Kapitel und lesen mit. Reihum werden Hausaufgaben verteilt, und ihr Ergebnis wird allen vorgeführt: Ein Zeuge spielt auf der Bühne den Verkündiger, ein anderer das Missionsopfer. Die Rollenspiele gleichen einer Mischung aus Komödienstadl und Ohnsorg-Theater. Unbeholfen stottern die ungeübten Opferdarsteller Sätze hervor, die einem gläubigen Zeugen nur mit großer Überwindung über die Lippen kommen, etwa: »Ich glaube nicht an Gott, bei mir hat Ihre Predigt überhaupt keinen Zweck.« Angesichts solch ungeschickter Verstellungskunst kommt oft ein schadenfrohes Lachen aus den Reihen. Darauf der eifrige Agitator zum »heidnischen« Bruder: »Wer hat denn Ihrer Meinung nach die Schönheiten der Natur, die Erde und das ganze Universum erschaffen?«

Die philosophischen Gespräche an der Haustür sollen Jungzeugen vor dem »Erstfall« an der Haustür noch mit Leuten »aus der Welt« proben. In Lektion 19 der Rhetorik-Fibel heißt es: »Einige machen von ihren Aufgaben unmittelbar Gebrauch, indem sie bei Freunden, Nachbarn, Lehrern, ungläubigen Familienangehörigen und anderen, die zuhören, üben.«

RAT ZU DEN ANSPRACHEN

Sprecher: _Schw._ (Vollständiger Name)

Eintragungen: A — Arbeite daran
V — Verbessert
G — Gut

	Ansprache Nr.							
Datum								
Aufschlußreicher Stoff [21]*								
Klar, verständlich [21]								
Einleitung erweckte Interesse [22]								
Einleitung zum Thema passend [22]								
Einleitung von richtiger Länge [22]								
Lautstärke [23]								
Pausen [23]								
Zuhörer zum Gebrauch der Bibel ermuntert [24]								
Schrifttexte richtig eingeführt [24]								
Schrifttexte mit Betonung gelesen [25]								
Anwendung der Schrifttexte erklärt [25]								
Nachdruck durch Wiederholung [26]								
Gesten [26]								
Thema hervorgehoben [27]								
Hauptpunkte herausgestellt [27]								
Kontakt mit Zuhörern, Verwendung von Notizen [28]								
Verwendung eines Redeplans [28]								

Vermerke:

* Die eingeklammerte Zahl bezieht sich jeweils auf das Lehrstück im Leitfaden für die Theokratische Predigtdienstschule, das das bezeichnete Redemerkmal behandelt.

S-48-X 6/71

Printed in Germany

	Ansprache Nr.							
Datum								
Fluß [29]								
Unterhaltungston [29]								
Aussprache [29]								
Zusammenhang durch verbindende Worte [30]								
Logischer, zusammenhängender Aufbau [30]								
Überzeugende Beweisführung [31]								
Zuhörern geholfen nachzudenken [31]								
Sinngemäße Betonung [32]								
Modulation [32]								
Begeisterung [33]								
Wärme, Gefühl [33]								
Veranschaulichungen dem Stoff angepaßt [34]								
Veranschaulichungen den Zuhörern angepaßt [34]								
Stoff dem Predigtdienst angepaßt [35]								
Schluß passend, wirkungsvoll [36]								
Schluß von richtiger Länge [36]								
Zeiteinteilung [36]								
Vertrauen und Gleichgewicht [37]								
Persönliche Erscheinung [37]								

ANMERKUNG: Bei jeder Studierendenansprache achtet der Raterteilende auf die nächsten Punkte, die auf dem Vordruck „Rat zu den Ansprachen" an der Reihe sind, indem er das behandelt, was jeweils in einem einzelnen Lehrstück des Leitfadens für die Theokratische Predigtdienstschule zusammengestellt ist. Wenn Änderungen in diesem Vorgehen erfolgen, wird der Raterteilende das im voraus in der Rubrik „Vermerke" angeben. Der freie Raum auf dem Vordruck kann verwandt werden, um Studierenden, wenn nötig, zu nicht aufgeführten Punkten Rat zu erteilen, zum Beispiel Genauigkeit der Darlegung, deutliche Aussprache, Haltung, Wortwahl, Grammatik, Eigenarten, Anwendbarkeit, Lehrmethoden und Beschaffenheit der Stimme.

Für die Übungen im Königreichssaal gibt es Zensuren. Sie werden vom Schuldiener auf dem Formular »Rat zu den Ansprachen« säuberlich eingetragen. Bewertet werden unter anderem »Lautstärke« des Vortrags, »Gesten«, »Zeiteinteilung«, sogar die »persönliche Erscheinung«. Die Zensuren: »A« = Arbeite daran, »V« = Verbessert, »G« = Gut. Einmal im Monat wird das Wissen »bei geschlossenen Büchern« schriftlich kontrolliert.

Der Erfolg dieser ideologischen Schulung läßt meist nicht lange auf sich warten. Schon bald kennen die Verkündiger gleich Vertretern alle Tricks und Kniffe, mit denen man an Türen Erfolg hat. Die Schulung beginnt mit der Einführung bei dem Opfer:

»Jetzt näherst du dich der ersten Tür. Wie führst du dich ein? Man kann auf verschiedene Weise erklären, daß man ein Evangeliumsdiener, ein Prediger, ein Vertreter der Wachtturm-Gesellschaft, ein Zeuge Jehovas ist, der sich an einem erzieherischen Werk beteiligt und vorspricht, um zu Heimbibelstunden zu ermuntern, der die gute Botschaft bringt, einen Dienst an der Öffentlichkeit leistet, mit einer internationalen Bewegung für Bibelforschung zusammenarbeitet, den Menschen die guten Ergebnisse dieser Forschungsarbeit zur Kenntnis bringt, der in Verbindung mit einer weltumfassenden Gesellschaft von Predigern wirkt, der mit mehr als einer Million Predigern zusammenarbeitet, der eine Neue-Welt-Gesellschaft vertritt. Zur Zeit von Kongressen mag man sich als Delegierter vorstellen, der den gerade stattfindenden Kongreß besucht.«

Hat der Prediger den geeigneten Einstieg für das Missionsgespräch an der Tür auf den Lippen, dann muß er darauf achten, seine eigentliche Botschaft an den

Mann zu bringen, bevor ihm eventuell die Tür vor
der Nase zugeschlagen wird: »Es ist besser, nicht
gleich mit dem Zeugnis zu beginnen, sondern etwas
innezuhalten, doch soll diese Pause nicht etwa pein-
lich lang, sondern kurz sein, um dem Wohnungsinhaber Gelegenheit zu bieten, dich zum Eintreten ein-
zuladen. Es ist tatsächlich sehr wichtig, daß man an-
strebt, in die Wohung eingeladen zu werden; denn ist
man erst einmal in der Wohnung, kann man bei Menschen guten Willens viel mehr ausrichten. Nimm daher jene freundliche Haltung ein, die darauf schließen läßt, daß du erwartest, zum Eintreten eingeladen
zu werden, und sei bereit, auf diese Einladung oder
eine entsprechende Geste einzugehen. Du magst dadurch eine Einladung zum Eintreten erhalten, daß du
dich dem Wohnungsinhaber gegenüber rücksichts-
voll benimmst. Wenn ein kalter, windiger Tag ist,
kannst du andeuten, daß es wahrscheinlich unange-
nehm ist, die Tür offenzulassen. Wenn du nicht in die
Wohnung eingelassen wirst, dann beginne sogleich,
indem du den Zweck deines Vorhabens erklärst und
das Zeugnis an der Türschwelle gibst.«
Dabei soll der Verkündiger nach Geschlechtern unterscheiden: »Es liegt auf der Hand, daß deine Einführung auf die Person abgestimmt sein sollte, die
auf dein Klopfen antwortet. Wenn ein Mann an die
Tür kommt, kannst du mit ihm über Dinge sprechen,
die die Weltlage betreffen, über den Lebensstandard,
über Wissenschaftliches, Begebenheiten am Orte, die
sich auf geschäftliche oder auf allgemeine Interessen
beziehen, oder irgend etwas, was seine Familie, ihr
Wohlergehen und ihre Sicherheit betreffen mag.
Diese Dinge interessieren die Männer. Manchmal
kann man auch Religion als Thema wählen, aber

nicht so häufig wie bei Frauen. Wenn eine Frau an die Tür kommt, ist Religion ein gutes Thema, oder sprich über ihre Kinder, ihren Haushalt, die Dinge, die am Ort passieren, über Verhältnisse bezüglich der Kirchen des Ortes, über Lebensbedingungen, Kosten des Lebensunterhaltes, die neue Welt und ihre Schönheiten und Wunder, das Gebet — all dies mag bei einer Frau Interesse finden.«

Weiß der Verkündiger feinsinnig zwischen Mann und Frau zu unterscheiden, muß er noch ein paar psychologische Regeln beachten: »Versuche nicht, den Wohnungsinhaber zu veranlassen, sich in bezug auf irgendeinen Punkt eine Blöße zu geben, und stelle ihm keine spitzfindigen Fragen, die ihn in Verlegenheit bringen können. Es ist jedoch äußerst wichtig, ihn zum Reden zu ermuntern. Suche das Gespräch zu einem Zwiegespräch zu machen. Sprich nicht wie ›von der Kanzel‹. Erwähne einige Punkte, in denen du mit ihm übereinstimmst. Sage gewisse Dinge oder stelle einige Fragen, die er bejahen wird. Sei immer heiter und positiv, nicht negativ. Du möchtest ihm helfen, und indem du seinen Standpunkt und seine Meinung erfährst, wirst du wissen, was er benötigt und welche Hindernisse beseitigt werden müssen, um ihm die Wahrheit erkennen zu helfen.«

Selbst für einen eleganten Abgang hält die Wachtturm-Gesellschaft Ratschläge parat: »Wenn der Wohnungsinhaber es ablehnt, die Schriften entgegenzunehmen, so trachte danach, daß er in einer besseren Verfassung ist als zu Anfang deines Besuches, das heißt, daß er eine bessere Einstellung dem Königreichswerk gegenüber gewonnen hat. Du solltest ihm gern ein Traktat zum Lesen zurücklassen oder einen

Einladungszettel, um eine Gelegenheit für eine weitere Unterhaltung zu einem späteren Zeitpunkt zu schaffen. Denke daran: Von dir oder einem anderen muß er wieder besucht werden.«

Auch aus schüchternen und zurückhaltenden Zeugen werden durch solche organisierten Redeübungen gewievte Zeitschriftenverkäufer. In der Bundesrepublik ziehen derart präpariert 104 000 »Brüder und Schwestern« von Haus zu Haus. Nicht etwa zufällig, nach Lust oder Laune des jeweiligen Zeugen. Das ganze Land ist in Gebiete eingeteilt, nach Straßen und Hausnummern. Jeder Zeuge Jehovas hat seine Gebiete zu »bearbeiten«.

»In Europa«, schreibt Günther Pape, »ist grundsätzlich jedes Dorf, jedes Haus in der Gebietseinteilung der Versammlungskarteien der Zeugen erfaßt. Über jedes Gebiet wird genau Buch geführt. Von jedem Gebiet gibt es einen Plan mit den eingezeichneten Häusern und Straßen.« Der Gebietsdiener teilt jedem Zeugen ein Terrain zu, das regelmäßig durchkämmt werden muß.

Kommt es an einer Tür zu einem Gespräch, notieren die Zeugen anschließend alle wichtigen Punkte in den »Haus-zu-Haus-Notizen«, ängstlich darauf bedacht, daß keiner sie beobachtet. Neben Namen, Geschlecht, Adresse und Literaturabnahme des Besuchten werden auch rein persönliche Dinge notiert. Natürlich erfahren Jehovas Zeugen an den Türen eine ganze Menge von den Leuten. Meinungen und Bekenntnisse, die in dem Glauben gegeben werden, daß es sich um ein Gespräch unter vier Augen handelt. Und dabei sagt auch manchmal jemand, vielleicht nur, um die lästigen Verkündiger schnell loszuwerden: »Ich bin Kommunist und glaube nicht an

HAUS-ZU-HAUS-NOTIZEN

Straße .... Gebiets-Nr. ....

NAME DES VERKÜNDIGERS..
Abkürzungen

| | WV - wieder vorsprechen | B - beschäftigt | M - Mann |
| | NH - nicht zu Hause | K - Kind | F - Frau |

Haus-Nr.	Datum	Ab-kürzung	Name, Literaturabsatz und Bemerkungen

S-8-X   10/53

Gott!« Fällt die Tür anschließend ins Schloß, werden die Haus-zu-Haus-Notizen herausgeholt, und in die Rubrik »Bemerkungen« wird eingetragen: »Überzeugter Kommunist«. Wenn diese Notizen in falsche Hände geraten, sind sie ein derart gefährliches Instrument, gegen das sich die Fragebogen der Volkszählung ausnehmen wie Vorderlader zu Raketen.

Über ihre Erfolge müssen die Verkündiger im monatlichen Predigtdienstbericht Rechenschaft ablegen. Sie haben alle verkauften Bücher, Broschüren und Zeitschriften einzutragen, neugeworbene »Wachtturm«-Abonnenten, geleistete Predigtdienststunden, Bibelstunden und Rückbesuche bei Interessierten.

Warum diese penible Buchführung, wo doch der allwissende Jehova sicherlich auch ohne Stundenzettel den Dienst seiner Gläubigen beurteilen kann? Die Antwort aus den Wachtturm-Schriften lautet: »Es stimmt; Jehova weiß, was jeder tut, und er kann beurteilen, ob wir unseren Dienst ganzherzig oder halbherzig verrichten. Trotzdem zeigt die Bibel, daß Jehova immer über die Tätigkeit seiner Diener Aufzeichnungen führen ließ.« Damit soll den Verkündigern suggeriert werden, sie handelten im Auftrag Gottes, das Führen von Stundenzetteln mache sie quasi zu neuzeitlichen Bibelschreibern. Bei genauerem Lesen der Wachtturm-Bücher findet man die wirkliche Begründung für das Schreiben von Stundenzetteln: »Manchmal lassen Berichte erkennen, daß bestimmten Bereichen unseres Dienstes besondere Aufmerksamkeit geschenkt werden sollte. Aus den Zahlen mag hervorgehen, daß es in einigen Tätigkeiten Fortschritte gegeben hat, daß aber die Verkündigerzunahme oder das Wachstum auf anderen Gebieten nachgelassen hat. Es mag Ermunterung

PREDIGTDIENST-
BERICHT FÜR: ....
(Monat)

NAME: ....

Datum	Bücher	Broschüren	Predigtdienst-stunden	Neue Abos	Einzel-zeitschriften	Rück-besuche	Anzahl der *verschiedenen* Bibelstudien, die während des Monats durchgeführt wurden ⟶
Gesamt-zahl							

S-4-X 6/72

Printed in Germany

nötig sein, oder es könnte sein, daß Probleme zu lösen sind. Verantwortungsbewußte Aufseher werden sich daher mit den Berichten befassen und sich bemühen, irgendwelche Mißstände in Ordnung zu bringen, die den Fortschritt einzelner Personen oder der gesamten Versammlung behindern mögen.«
Die Predigtdienstberichte werden von den Aufsehern der Versammlung, danach vom Kreisaufseher und Bezirksaufseher pedantisch geprüft. Stellen die fest, daß die Leistung einer Versammlung oder eines Verkündigers abnimmt, gibt es Ärger. »Wir haben Brüder unter uns, die nehmen die Sache Jehovas nicht mehr ernst genug«, werden die Betreffenden in der Versammlung vom Rednerpult aus heruntergeputzt. »Diesen unregelmäßigen Verkündigern mangelt es an der richtigen Einstellung.« Welche Gründe sie auch für zurückgegangene Leistungen anführen, die Aufseher zeigen dafür kein Verständnis. »Selbst im Sterbebett kann man Ärzten, Schwestern und Mitpatienten noch Zeugnis geben«, predigen sie im Königreichssaal.
Altersschwache Sektenmitglieder, für die das tägliche Treppensteigen und das stundenlange Stehen an den Straßenecken zu anstrengend ist, müssen sich von den Aufsehern sagen lassen, daß auch sie nicht vom »Zeugnisgeben« befreit sind und ihr Platz im Paradies auf Erden noch keineswegs sicher ist, selbst wenn sie der Wachtturm-Gesellschaft ihr Leben lang treu gedient haben. Sie werden zum Schreibdienst abkommandiert. »Theokratische Prediger von heute haben viele Gründe, Briefe zu schreiben, und diese Briefe können viel Gutes bewirken«, heißt es dazu im braunen Lehrbuch »Theokratische Predigtdienstschule«. Und weiter: »Unsere Briefe sollten des Pre-

digtdienstes, den Gott uns aufgetragen hat, würdig sein. Sie sollten freundlich und taktvoll sein und zeigen, daß man liebevoll auf diejenigen Rücksicht nimmt, die sie lesen.«

Helma Trautner* aus Grömitz erhielt etwa ein Dutzend solcher »taktvollen« Briefe, nachdem ihr Mann Erich an einem Herzinfarkt gestorben war. Die beiden hatten eine glückliche Ehe geführt. Der Tod des Mannes war für Frau Trautner ein schwerer Schlag.

Die fleißigen Briefeschreiber wissen, daß gerade Menschen in Krisen empfänglich für religiöse Seelenmassage sind. Daher gilt ihr »Taktgefühl« besonders den Angehörigen von Verstorbenen. Die Namen suchen sie sich aus den Zeitungsseiten mit den Todesanzeigen. Vom Namen aus der Anzeige bis zur Adresse aus dem Telefonbuch ist es nur ein kleiner Schritt. Anschließend entstehen dann »taktvolle« und »freundliche« Kondolenzschreiben — bis zu sechs Seiten lang —, in denen man den Trauernden Bibelweisheiten nahebringt.

Die Leistung beim Verkündigen ist Richtschnur für das Ansehen der einzelnen Zeugen in ihrer Gemeinde. Zum Ansporn der gesamten Schar werden in vielen Königreichssälen die Gesamtergebnisse ausgehängt.

Derart zu Leistungsbeweisen angestachelt, versuchte Schwester Quast nach einem Beinbruch noch im Krankenhaus, »Verkündiger zu machen«, was ihr um ein Haar den Rausschmiß eingebracht hätte. Krankenschwestern, Ärzte und Mitpatienten fühlten sich durch ihren Missionseifer genervt.

Bei derartigem Übereifer genügt schon das kleinste Entgegenkommen von seiten des Opfers, und man wird die Verkündiger nicht mehr los. Ihre nervige Ausdauer beim Missionieren zwingt manchen Belästigten, sich schriftlich an die Wachtturm-Gesellschaft zu wenden und ein Ende der Hausbesuche zu fordern: ». . . würde ich Sie bitten, Ihre Versuche meiner Bekehrung einzustellen. Sie nützen nichts, mein Wissensdurst ist befriedigt.«

Zwar heißt es im »Organisationsbuch« der Zeugen, »es besteht kein Grund, in der Berichterstattung einen Konkurrenzgeist aufkommen zu lassen und unseren Dienst mit dem eines anderen zu vergleichen«, aber dies ist wie vieles bei Jehovas Zeugen nur kosmetischer Anstrich. Gehandelt wird nach dem Motto: Konkurrenz belebt das Geschäft.

Gegen-Darstellungen

Wenn die Zeugen oft Notizen anfertigen, dann nur deshalb, um bei ihren Rückbesuchen mit den Wohnungsinhabern weiterhin gute, biblische Gespräche führen zu können. *E. T., Düren*

Tatsächlich machen sich Jehovas Zeugen Notizen, schon allein aus dem Grund, um wirklich Interessierte wieder zu besuchen und Gegner nicht ständig zu belästigen. Die Notizen bleiben allerdings beim Verkündiger und werden, wenn sie nicht mehr gebraucht werden, von diesem vernichtet.

M. N., Osnabrück

Unsere Notizen sollen dazu dienen, Stütze für ein mögliches, weiteres Gespräch zu sein, nicht, um Menschen auszuhorchen. Solche weiteren Gespräche können dazu führen, daß der »Same der Wahrheit« im Herzen eines Menschen aufgeht, denn das ist die Arbeit eines Christen, daß er den Samen der Wahrheit ausstreut, daß er ihn »begießt«, indem er weiter darüber spricht. *E. A., Bad Harzburg*

Ohne Organisation wäre nicht einmal ein Staubsaugervertreter in unserer Zeit denkbar. Schulung gehört zu jedem Bereich — auch zur Religion, wie die

Seminare wohl beweisen, in denen für viel Geld die künftigen »Diener Gottes« ausgebildet werden. Die Staatskirchen beziehen ihre Einkünfte durch den Einzug der Kirchensteuer, die sogenannten Sekten aus Spenden, die Zeugen Jehovas durch den Verkauf von Schriften. Von irgend etwas muß der Schornstein ja rauchen, oder nicht?   *L. K., Bad Lippspringe*

Auf den Haus-zu-Haus-Notizen werden grundsätzlich keine persönlichen Fakten notiert, sondern nur Name und besprochenes Thema, um beim nächsten Mal einen Anhaltspunkt zu haben. Dieser Zettel ist dann in meinem Besitz und wird nicht an »Vorgesetzte« weitergegeben.
Den Ausdruck »gedrillt« finde ich unpassend, der sollte besser für die Bundeswehr verwandt werden. In der Predigtdienstschule werden wir nur belehrt, wie man sich den Menschen gegenüber verhalten soll, freundlich und taktvoll.   *E. H., Bad Oeynhausen*

Notizen über Angetroffene, wie Meinungen oder politische Einstellungen, werden zur besseren Vorbereitung für den nächsten Besuch gemacht, aber niemals an eine Firma oder unsere »Vorgesetzten« weitergegeben oder dafür gespeichert.   *H. R., Rinteln*

Zur Erbauung zum Kreiskongreß

Höhepunkt im Alltag der Zeugen Jehovas sind die halbjährlich stattfindenden Kreiskongresse. Nach acht Wochen Heimbibelstudium mit den beiden Schwestern Quast und Magd und nach einigen Versammlungen im Königreichssaal Hamburg-Mitte erlebte ich auf dem zweitägigen Kongreß, wie die Zeugen bei Vorträgen »geistige Nahrung« zu sich nehmen und mit alten Bekannten ihre Predigtdienst-Erfahrungen austauschen.

Das Kongreßgebäude in Trappenkamp bei Neumünster ist eine ehemalige Gardinenfabrik. Die Sekte hat sie für eine halbe Million Mark gekauft und für mehrere hunderttausend Mark zu einem modernen Versammlungszentrum mit tausend Plätzen ausgebaut. Auf der Bühne stand in großen Buchstaben das Motto des Kongresses: »Deine Loyalgesinnten werden dich segnen. Von der Herrlichkeit deines Königreiches werden sie sprechen.« Schwester Quast sprach von etwas Weltlicherem. Sie schimpfte: »Immer dieses fürchterliche Besetzen!« Viele der tausend Stühle waren bei unserer Ankunft schon mit Bibeln und Gesangbüchern »besetzt«. Als wir endlich ein paar freie Plätze fanden, verteilte auch sie Tasche, Bibel und Gesangbuch auf die Stühle. Anschließend führte sie mich durch den Kongreßsaal.

Die meisten Männer trugen Anzug, weißes Hemd und Krawatte, die Frauen Faltenröcke und Rüschenblusen. Eine Versammlung wie aus dem Versandhauskatalog, getreu den Leitlinien der Sektenführung: »Extreme in der Kleidung sollten vermieden werden. Auch wird der Verkündiger Sorgfalt üben, damit er sich nicht nachlässig kleidet. Die Hose sollte gebügelt sein, und die Krawatte sollte geradesitzen.« In meiner Cordhose war ich so deplaziert wie ein C&A-Kleid bei einer Modenschau von Pierre Cardin.

Bei unserem Rundgang mußte ich Dutzende Hände schütteln. »Das ist Herr Nobel!« wurde ich den Glaubensgenossen mit sichtlichem Stolz vorgestellt. So häufig sind Neuzugänge nicht. Zwar wächst die Mitgliedschaft der Sekte jährlich um drei Prozent, und über die Jahre summiert sich das, doch in den Versammlungen verlaufen sich die Neulinge. Um so freudiger werden sie von ihren »Menschenfischern« den anderen präsentiert. Nach zwei, drei Sätzen wurde mir dann jedesmal die Frage gestellt: »Und wie gefällt es Ihnen bei uns? Ist nicht alles ordentlich, sauber und ruhig?«

Und wenn ich die Frage dann zufriedenstellend mit »Ja« beantwortete, wurde mir anschließend voller Stolz erzählt, wie beeindruckt auch Polizei und Behörden immer wieder von dem reibungslosen Ablauf der großen Kongresse seien.

Ordnung und Sauberkeit sind für Jehovas Zeugen moralische Größen. Nach jedem Kongreß laufen zahlreiche freiwillige Helfer über das Gelände und sammeln selbst das winzigste Stück Papier auf. Tatsächlich hatte die Gemeindevertretung von Trappenkamp dem Umbau der Gardinenfabrik in einen Kongreßsaal auch deshalb zugestimmt, »weil den Zeugen Jehovas der Ruf vorausginge, besonders ordentlich und sauber zu sein«.

Cafeteria und Küche des Königreichssaals waren klinisch rein. Der Geruch von Scheuerpulver und Desinfektionsmittel übertraf bei weitem die Küchendüfte. Alle Küchenhelfer trugen durchsichtige Plastikhandschuhe. Else Quast flüsterte mir gewichtig ins Ohr: »Jeder von denen hat einen Gesundheitspaß!«

An den Enden der Tischreihen standen Brüder des Ordnungsdienstes, die uns freie Plätze zuwiesen. Die Speisung der tausend Gläubigen klappte wie am Schnürchen. Beim Essen wurde kaum geredet, denn wir mußten uns beeilen. In der Reihe warteten schon die nächsten auf freie Plätze. Für Frühstück und Mittagessen zahlten wir jeweils vier Mark. »Ihr solltet euer Geld nicht jemandem aus der Welt in den Rachen schmeißen!« hielten uns die Aufseher in unserer Versammlung schon Wochen vor dem Kongreß dazu an, Essenmarken für die geschmacklose Einheitsspeise der Kongreßsaal-Kantine zu kaufen. Die einfachen Brüder hielten sich daran. Aber einige Aufseher sah ich beim Mittagessen in einem nahen Restaurant.

Auf der Bühne des Kongreßsaales wurde Schwester Quast nach dem Essen »zur allgemeinen Ermunterung und Erbauung« der tausend Zeugen im Saal nach ihren Erfahrungen aus 21 Jahren Verkündigungsarbeit befragt. Die Ältesten präsentierten sie als leuchtendes Vorbild. Stolz berichtete sie von 24 Bibelstudien mit Interessierten. Dafür ist sie wöchentlich über zehn Stunden im Predigtdienst von Tür zu Tür unterwegs. Außerdem besucht sie regelmäßig die wöchentliche Predigtdienstschule, die »Dienstzusammenkunft«, das »Wachtturm«-Studium, den öffentlichen Vortrag und das »Versammlungsbuchstudium«. Dafür gehen zusätzlich fünf Wochenstunden drauf, den Weg zum Königreichssaal nicht mitgerechnet.

Quasts Äußerungen wurden mit rauschendem Beifall quittiert. Weiter ging's mit Vorträgen: »Forsche täglich in den Schriften«, »Sich Jehova zu unterordnen führt zu geistiger Wohlfahrt«, »Guter Umgang ist ein Schutz«.

Den stundenlangen Belehrungen konnte man nicht einmal auf dem stillen Örtchen entfliehen. Auch dort hatte die Wachtturm-Gesellschaft Lautsprecher installiert. Kein Wort der »Wahrheit« sollte den Gläubigen entgehen.

»Zuversichtlich«, wie es das Liederbuch verlangte, schmetterten wir zwischen den Vorträgen: »Menschen knien vor Holz und Stein, das kann nicht das Rechte sein.«

Das stundenlange Sitzen strengte an. Eine Tortur für die vielen Kinder. Herausgeputzt und mucksmäuschenstill saßen sie da. Das »Organisationsbuch« fordert, »daß während der Zusammenkünfte Ordnung gehalten wird« und »daß Kinder bei ihren Eltern sitzen« sollen: »Wenn ein Kind ungezogen ist, könnte ein Ordner die Eltern freundlich und taktvoll bitten, mit dem Kind hinauszugehen, damit die Zuhörer nicht ungebührlich abgelenkt werden. Schon vor der Zusammenkunft können Eltern mit kleinen Kindern ermuntert werden, sich dort hinzusetzen, wo es am wenigsten stört, falls es nötig werden sollte, mit den Kindern hinauszugehen, um sie zu züchtigen oder für andere Bedürfnisse zu sorgen.«

Der achtstündige Kongreßtag hatte auch mich angestrengt. Das letzte Lied kam mir in froher Erwartung des nahen Endes freudig über die Lippen, obwohl unser Liederbuch es »mutig, zuversichtlich« wollte: »Mit ganzem Herzen dienen wir; Errettung kommt jetzt bald von dir.«

Schwester Quast war begeistert. Ihre Selbstdarstellung auf der Bühne ließ sie sich während der Rückfahrt in meinem Auto dreimal schildern. »Und, ... war ich wirklich gut?« fragte sie. Als ich dann bejahte, tat sie verlegen.

Nachdem ich ihr Selbstwertgefühl gebührend gestärkt hatte, hoffte ich auf die verdiente Ruhe. Irrtum. Während der anderthalbstündigen Rückfahrt ließ sie erst alle ihr bekannten Brüder und Schwestern noch einmal Revue passieren, die sie in Trappenkamp getroffen hatte. Danach wiederholte sie alle Vorträge in Kurzfassung, besonders die unter dem Leitmotiv »Unterordnung«, in denen die Versammelten auf religiöses Duckmäusertum eingeschworen wurden: »Jesus Christus, ein vollkommenes Beispiel der Unterordnung«, »Unterordnung im Familienkreis«, »Warum ist relative Unterordnung unter den ›Cäsar‹ nötig?«, »Unterordnung in der Christenversammlung«.

Unterordnung, Unterordnung, Unterordnung, mir kam angesichts solch demütiger Sklavenmentalität die Galle hoch. Es wollte mir nicht in den Kopf, daß die »Schlachtopfer« freudig die Schlachtordnung predigen, nach der sie von den Schlächtern geschlachtet werden. Doch ich schwieg. Hätte ich mich durch Schwester Quast in diesem Moment zu einer Äußerung hinreißen lassen, meine Tarnung wäre aufgeflogen.

Endlich zu Hause, verabschiedete sich Else Quast

51

nicht eher, bis ich den nächsten Besuch der Zusammenkunft zusagte. Zum Schluß ermunterte sie mich
noch: »Nach diesen erbaulichen Belehrungen geht
man wieder mit voller Kraft in die Versammlung. Sie
freuen sich sicherlich schon drauf, oder?« Was blieb
mir anderes übrig, als die Frage zu bejahen. Mein In-
nerstes aber war in diesem Moment eine Mörder-
grube.

Gegen-Darstellungen

Was die Kleidung anbelangt, ist ein ordentliches Aussehen vom Ästhetischen her noch immer besser als Jeans im Theater — und die Zeiten, da Rüschenblusen getragen wurden, sind vorbei. Ich sehe sehr schicke Kleider, und da ich aus der Konfektionsbranche komme, weiß ich, was schick ist.

L. K., Bad Lippspringe

Jedes Jahr versammeln sich in mehreren Städten der Bundesrepublik und in vielen Teilen der Welt Jehovas Zeugen zu Bezirkskongressen. Buchstäblich Tausende strömen in gemietete Großhallen oder Fußballstadien. Ich weiß wirklich nicht, wie lange wir das noch dulden sollen.

Niemand, der Marihuana rauchte. Keiner, der unter dem Einfluß von Drogen oder Alkohol stand. Keine dröhnende, ohrenbetäubende Musik. Keine unsittlichen Lieder. Kein unerlaubter Sex. Kein Schwarzhandel mit Eintrittskarten. Kein Brüllen und Schreien. Kein Schieben. Keine Kämpfe, um hinein- oder hinauszukommen. Keiner, der schimpfte oder fluchte. Keine unanständigen Witze und keine verdorbene Sprache. Kein Polizeialarm aufgrund von Schlägereien. Niemand, der der Polizei Vorschriften machte. Im Gegenteil, alle fügten sich ihren Anordnungen. Keine raucherfüllten Hallen; man konnte die Luft einatmen.

Frauen, die Kleider trugen und wirklich wie Frauen aussahen. Männer mit Anzug und Krawatte, ordentlichem Haarschnitt und anständigem Aussehen. Ehemänner, die mit ihrer Frau Arm in Arm gingen. Eltern und Kinder als Familie vereint. Kinder, die ihren Eltern gehorchten und nicht durch respektloses und zerstörerisches Verhalten auffielen. Leute, die Bibeln anstatt Messer trugen. Kein Raub und kein Ladendiebstahl. Niemand, der Bier- oder Limonadenflaschen oder Dosen auf die Rasenanlage wirft. Niemand, der Bier- oder Limonadenflaschen auf den Straßen zerschmettert.

Es ist wirklich ungewöhnlich. Wäre es denn so schrecklich, wenn mehr Leute so handeln würden? Erstaunlich, nicht wahr? *H. S., Oberschleißheim*

Betrachtet man ihre Kongresse, dann muß man staunen über die Ordnung und Sauberkeit, die dort herrscht! Keine Taschendiebe, keine randalierenden Menschen, ohne Polizei und ohne Lärm! Sind das alles Falschspieler oder Menschen, die zeigen, wie gut und vernünftig die Gesetze Gottes sind?

W. K., Gütersloh

Daß Zeugen Jehovas adrett gekleidet sind, ist doch keine Schande, im Gegenteil, es ist ein Privileg. Ich gehe zwar nicht in Rüschenbluse und Faltenrock, bin aber auch kein Popper, Punker oder so ein ungepflegtes Individuum. In unseren Reihen werden keine Raubüberfälle, Morde, Demonstrationen, Banküberfälle, Homosexualität, Ehebrüche, Horror- und Pornofilme geduldet. *E. H., Bad Oeynhausen*

54

Vom Studienzirkel
zur Wachtturm AG

Das Verkündigungswerk der Zeugen Jehovas begann im Jahre 1879 als Abonnentenkreis. Damals veröffentlichte der 25jährige Textilkaufmann Charles Taze Russell in den Vereinigten Staaten die erste Ausgabe des »Watchtower«; der Titel lautete noch: »Zion's Watch Tower and Herald of Christs Presence«.

Russell war vordem bereits von den Presbyterianern zu den »Second Adventists« gewechselt, einer adventistischen Splittergruppe. Enttäuscht von deren falscher Voraussage, »daß das Jahr 1873 der Zeitpunkt des Verbrennens der Welt« sein würde, gründete er einen eigenen Adventisten-Zirkel. Noch einmal, 1874, warteten er und seine Glaubensbrüder vergeblich auf das Ende der Welt. Ergebnis des erneuten apokalyptischen Reinfalls: Sein bislang noch als Filiale der Adventisten-Sekte geltender Bibelkreis ging eigene Glaubenswege.

Die christliche Lehre von der Dreieinigkeit und der Unsterblichkeit der Seele legte er ab. Die Bibel las er als einen endzeitlichen Terminkalender. Und die Hölle war für ihn kein Ort der Qual, sondern der Zustand des Todes.

In dieser Zeit stieß Russel auf die Zeitschrift »The Herald of the Morning«. Herausgeber war eine kleine

Gruppe um den ehemaligen Adventisten Barbour. Gleiche Auffassungen führten beide Bibelkreise zusammen, und der vermögende Kaufmann Russell finanzierte erst den Druck des »Herald«, später sogar eine eigene Druckerei.

Eine Weile funktionierte die Kooperation der beiden Sektenführer. Doch dann verstieg sich Barbour zu der Behauptung: »Unseres Herrn Tod kann nicht mehr nützen zur Bezahlung der Strafe für die Sünden der Menschen als das Durchstechen einer Fliege mit einer Nadel (wodurch sie leiden und sterben würde).« Russell, für den der Tod Christi der »Loskaufpreis« der Menschheit war, zog sich und sein Geld zurück. Aber er hatte etwas gelernt: Religiöser Journalismus ist eine ungeheure Macht. Am 1. Juli 1879 erschien unter seiner Verantwortung die erste Nummer des »Zion's Watch Tower«, Startauflage 6000 Exemplare. Mit ihm brachte Russell seine Lehrmeinungen unters Volk. Die Veröffentlichung des ersten »Wachtturm« war die eigentliche Geburtsstunde der Zeugen Jehovas, die sich damals noch »Ernste Bibelforscher« nannten.

Seine weltlichen Geschäfte schränkte Russell danach mehr und mehr ein. Bald war der »Watch Tower« die wichtigste Einnahmequelle. Mit der Steigerung der Verkaufsauflage wuchs auch die Verbreitung der Sekte. Russell reiste im Land herum, besuchte seine Abonnenten und organisierte sie in Studienzirkeln. In Pennsylvania, New Jersey, New York, Massachusetts, Delaware, Ohio und Michigan entstanden auf diese Weise dreißig Gruppen.

Die ersten Spenden gingen ein. Russell mußte seinem kommerziellen Verlag einen neuen Anstrich geben. Er gründete 1881 die »Zion's Watch Tower Tract

.Society« und ließ sie 1884 als Körperschaft eintragen.

Artikel II der Gesellschafts-Statuten lautete: »Der Zweck der Bildung der Kooperation ist folgender: Die Verbreitung biblischer Wahrheiten in verschiedenen Sprachen mittels Herausgabe von Traktaten, Flugschriften, Zeitungen und anderer religiöser Literatur, ferner durch jedes andere gesetzliche Mittel, das der rechtmäßig ernannte Verwaltungsrat (Direktionsausschuß) zur Erfüllung des erwähnten Zweckes als dienlich erachtet.«

Die Aktiengesellschaft verkaufte die Anteile für zehn Dollar. Bis zu seinem Tod am 31. Oktober 1916 besaß Russell von insgesamt 150 000 verkauften Anteilen allein 25 000 und war damit unumstößlicher Herrscher im New Yorker Hauptquartier der Bibelforscher. Den Rest seines Vermögens hatte er bereits vorher in die Wachtturm-Gesellschaft eingebracht. Seine Anteile an der AG fielen nach seinem Tode einem Komitee der Gesellschaft zu. Russell starb arm. Während der vierzig Jahre, die er in der New Yorker Sektenzentrale lebte, erhielt er wie alle anderen Gläubigen freie Kost und Logis, Reisekosten und pro Monat zehn Dollar Taschengeld.

Außer den häufigen Wandlungen seines Glaubens geschah wenig Aufregendes in seinem Leben. Herausragend war nur die Trennung von seiner Frau. 1879 hatte Russell eine Mitstreiterin geheiratet — Auria Francis Ackley. Die Ehe hielt 18 Jahre. Dann verließ die Ehefrau den Sektenführer plötzlich von einem Tag zum anderen. Vorausgegangen waren endlose Streitereien um die Führung des »Wachtturm« und das Liebesleben Russells, der gelegentlichen Seitensprüngen scheinbar nicht abgeneigt war. Nach sechs Jahren Trennung reichte Frau Russell die Klage auf gesetzliche Scheidung wegen Ehebruchs ein. In der gerichtlichen Auseinandersetzung um die Trennung wurde dann ein Russell-Zitat zum Skandal: »Ich bin wie eine Qualle. Ich schwimme dahin und dorthin, ich berühre diese und jene, und wenn sie darauf reagiert, nehme ich sie zu mir, wenn nicht, schwimme ich weiter zu einer anderen.«

Die Geschichte von der liebestollen Qualle schadete Russell sehr. Mehrmals mußte er gegen Widersacher prozessieren, die mit dem Qualle-Zitat gegen ihn polemisierten. Jehovas Zeugen bestreiten bis heute die Klage auf Ehebruch und versuchen, das Qualle-Zitat zu verniedlichen. Kein Wunder, ist das Verhalten Russells doch einer der vielen Widersprüche zwischen religiösen Ansprüchen und weltlichen Schwächen. Gäbe man den Ehebruch Russells zu, so wäre die sekteninterne rigorose Ausschlußpraxis gegenüber Ehebrechern mit einem Schlag als verlogen entlarvt. Gelungen ist den Zeugen Jehovas die Fälschung jedoch nicht. Noch 19 Jahre nach seinem Tod schrieb »The Dictionary of American Biography«: »Der Ehebruch wurde als bewiesen angenommen und trotz fünfmaliger Appelation Russells immer aufrechterhalten.«

In den vierzig Jahren, die Russell im Brooklyner Bethel verbrachte, schrieb er fast alle wichtigen Beiträge im »Wachtturm« selbst. Daneben verfaßte der Kaufmann mehrere Bücher über die ideologischen Grundlagen des Sektenglaubens. Der evangelische Theologe Dietrich Hellmund schreibt in seiner Dissertation »Geschichte der Zeugen Jehovas« über die theologische Schriftstellerei des Sektengründers: »›Pastor‹ Russell war und blieb laienhafter Autodidakt. Das gilt nicht nur für sein bibelkundliches Wissen, sondern auch für seine konfessionskundlichen und naturwissenschaftlichen Kenntnisse. In letzter Hinsicht kam er nie über populärwissenschaftliche Kenntnisse und dadurch bedingte, geradezu peinliche Fehleinschätzungen hinaus. Dieser Bildungsgang sollte ihn freilich nicht davor schützen, im Stil eines Gutachters von Sachverhalten wie Vererbungslehre, Archäologie und Trinitätsdogma zu reden, die er zeitlebens nicht durchschaut hat — und Andersurteilende als Besserwisser oder gar Ungläubige abzutun.«

Da Russell weder Hebräisch noch Griechisch beherrschte, unterliefen ihm sogar beim Übersetzen von Bibeltexten katastrophale Fehler. Er selbst nannte seine Übersetzungsarbeit in völliger Unterschätzung der Schwierigkeiten die »Schulbubenfähigkeit, ein englisches Bibelwort in einem hebräischen oder griechischen Wörterbuch nachzuschlagen«. Genauso ging er auch ans Werk. Dazu noch einmal Hellmund:

»Die englische Übersetzung von ›Michael‹ (who is like God!) hat er relativistisch (welcher wie Gott ist) und nicht fragend (wer ist wie Gott) verstanden. Das Hebräische schließt mit Sicherheit die relativistische Übersetzung aus. Aber erst diese Fehlinterpretation eines englischen Satzes schuf bei Russel die ›Grundlage‹ für seine personale Gleichsetzung dieses Engels mit Christus.«

Mit derartigen Hau-Ruck-Methoden kam Russell auch den geheimen Offenbarungen auf die Spur, dem »Zeitplan Gottes«: 1874 beginnt eine »vierzigjährige Erntezeit«, praktisch die letzte Chance der Menschheit. Während dieser vierzig Jahre werden

bereits die christlichen Märtyrer und Apostel aufer-
weckt und in den Himmel geholt. 1914, nach vierzig
Jahren also, kommt Jesus Christus und hält Gericht
über die Menschheit.
1914 ging ins Land, und nichts passierte. Russell gab
einen kleinen Rechenfehler zu (»Der Herr verzieht
noch eine kleine Zeit«) und verschob den Endzeittermin auf 1918. Die erneute Fehlkalkulation erlebte der
Sektenführer nicht mehr. Er starb 1916 während
einer seiner zahlreichen Missionsfahrten im Santa-
Fé-Expreß.
Nach Russels Tod begann im Brooklyner Bethel die
Rangelei um seine Nachfolge. Ursache war sein Testament. Er hatte keinen Nachfolger bestimmt, sondern
ein fünfköpfiges Herausgeberkomitee namentlich verfügt, das zwangsläufig in Konkurrenz zum bestehen-
den Direktorium der Wachtturm-Gesellschaft trat.
Russells späterer Nachfolger Franklin Rutherford
spielte in diesem Komitee nur die Rolle eines Ersatz-
mannes. Aufgabe des Komitees war es, über die In-
halte des »Wachtturm« zu entscheiden. Nur mit Zu-
stimmung von dreien der insgesamt fünf Mitglieder
konnte ein Artikel im »Wachtturm« erscheinen.
Seine 25 000 Aktienanteile aber hatte Russell testa-
mentarisch fünf Bevollmächtigten übertragen, alle-
samt Schwestern.
Über die Absichten des ersten Sektenbosses kann
man nur spekulieren. Am plausibelsten erscheint die
Meinung, daß Russell mit seinen Verfügungen eine
demokratische Verwaltung der Sekte im Auge hatte,
ohne einen Alleinherrscher. Vor allem nicht mit
Franklin Rutherford an der Spitze. Aber die schöne
Konstruktion geriet schon bald nach seinem Tod ins
Wanken. Zuerst lehnten zwei seiner Kandidaten den

Posten im Herausgeberkomitee ab. Sie verzichteten dankend auf den Job, der nur mit einem schmalen Taschengeld bezahlt wurde. Das Direktorium der Wachtturm-Gesellschaft nutzte sofort die Chance, das ungeliebte Kontrollorgan kaltzustellen: Man lancierte einfach zwei linientreue Ersatzleute ins Komitee und erreichte damit die Mehrheit. Auch mit dem Damenkränzchen wurden die Direktoren schnell fertig. Die 25 000 Aktien Russells retteten sie nicht. »Als Russell starb«, heißt es in den Wachtturm-Schriften lakonisch, »erloschen nach dem Gesetz natürlich seine Stimmen mit ihm.«

Nachdem die beiden Gremien ausgeschaltet waren, standen alle Weichen auf Zentralisierung. Joseph Franklin Rutherford half noch etwas nach. Vier Direktoren, die seinen Machtanspruch nicht unterstützten, drückte er aus dem Direktorium, indem er einen Formfehler bei ihrer Wahl dazu nutzte, diese für ungültig erklären zu lassen. Die vier wurden durch Anhänger Rutherfords ersetzt. Hofberichterstatter Marley Cole verglich die widerspenstigen Direktoren mit »Flaschenkorken«, die »gegen den Felsen von Gibraltar sprangen«. Cole bewundernd: »Rutherford war ein gefürchteter Mann.« Mit seinen Methoden war der »Felsen von Gibraltar« nicht gerade zimperlich. Johnson, ein aussichtsreicher Konkurrent um die Nachfolge Russells, wurde von Rutherford nach einem Wutanfall sogar mit körperlicher Gewalt aus dem Zentrum in New York hinausgeworfen. Anschließend flogen auf Rutherfords Betreiben noch weitere 27 leitende Zeugen aus der Sekte. Alle anderen Bewohner des New Yorker »Gotteshauses« (Bethel) mußten einen Treueid auf ihn leisten. Damit war der Weg frei. Die nachfolgenden Wahlen der

Stimmberechtigten und der gesamten Mitglieder-
schaft waren nur noch Formsache. Rutherford war
sich seiner Sache so sicher, daß er den Pressebericht
über die Wahl der Stimmberechtigten bereits eine
Woche im voraus schrieb. Der »New York Herald«
machte sich hinterher über die Bethel-Leute lustig,
deren prophetische Gaben offensichtlich auch den
Ausgang von Wahlen voraussehen konnten.

Joseph Franklin Rutherford wurde 1869 auf einer
Farm in Missouri geboren. Er hatte vier Geschwister,
und die Eltern — gläubige Baptisten — waren äußerst
streng. Als sich Rutherford mit 16 Jahren dazu ent-
schloß, Rechtsanwalt zu werden, war sein Vater dagegen. Schließlich stimmte er unter der Bedingung
zu, daß sein Sohn den Lohn für einen Arbeiter bezahlte, der ihn während seiner College-Ausbildung
auf der Farm ersetzte. Das schaffte der junge Rutherford mit einem Darlehen, das er Spekulationen zu-
folge von der bekannten amerikanischen Anwalts-
firma Draffen and Wright erhielt. Für diese Anwälte
wurde Rutherford nach seiner Ausbildung tätig. Mit
28 Jahren erhielt er die Zulassung zum Gericht. Später war er als Sonderrichter in Missouri tätig. Die Behauptung der Wachtturm-Gesellschaft, Rutherford
habe seine »volle akademische Ausbildung in der
Rechtswissenschaft« mit 18 Jahren abgeschlossen,
stimmt nicht. Sie ist eine der üblichen Übertreibun-
gen, mit denen Jehovas Zeugen ihre Führer größer
machen wollen, als sie eigentlich waren.

Der clevere Jurist bekam erstmalig 1894 Kontakt mit
Jehovas Zeugen. Voller Begeisterung bestellte er Bücher der Wachtturm-Gesellschaft, lobte enthusia-
stisch ihren Wert und behauptete, sie hätten »seine
irdischen Bestrebungen ganz über den Haufen ge-

worfen«. Doch gingen nach dieser spontanen Begeisterung noch zwölf Jahre ins Land, ehe er nach einem Treffen mit Russell 1906 die ersten Prozesse für Jehovas Zeugen führte. Mehr und mehr konzentrierte sich seine Arbeit auf Rechtsstreitigkeiten, in denen er die Wachtturm-Gesellschaft vertrat.

Es dauerte nicht lange, da trat Rutherford in allen wichtigen Fragen als Rechtsbeistand der Wachtturm-Gesellschaft auf. Mit taktischem Geschick und der nötigen Skrupellosigkeit im Umgang mit seinen Gegnern innerhalb der Sekte wurde er bald die »graue Eminenz« im Schatten Russells. Es ist verblüffend, wie Rutherford, der bei seinem Kontakt mit Russell noch nicht einmal gläubiger Christ war, innerhalb eines Jahres den Aufstieg in die Spitze der Wachtturm-Gesellschaft schaffte, die doch immerhin von sich behauptet, Gottes administrative Organisation auf Erden zu sein.

Die Gründe liegen vor allem in der Persönlichkeit Rutherfords. Er war ein dogmatischer und herrischer Mensch und verlangte absoluten Gehorsam. Zur Durchsetzung dessen, was er als richtig und notwendig erkannte, war ihm fast jedes Mittel recht. An seinem Platz am Eßtisch ließ er ein Mikrofon installieren, so daß die Bethel-Familie auch jedes noch so unwesentliche Wort, das über seine Lippen kam, mithörte. Unter seiner Präsidentschaft entstand die Diktatur der Wachtturm-Gesellschaft. Christliche Nächstenliebe, eine Wesensart, mit der sich Jehovas Zeugen seit jeher schwer taten, war auch für Rutherford etwas Fremdes. Er teilte aus und hatte mindestens so viele Feinde wie Freunde. Kaum einer kam bei Rutherford ungeschoren davon. Seine Polemik und seine Haßtiraden kannten keine Grenzen.

Anders als sein Vorgänger Russell wollte Rutherford der Gemeinde nicht dienen, er wollte sie beherrschen. Seine Methode war der Terror. Auch mit dem Sekten-Knigge hielt er es nicht so genau. Er trank und machte ordinäre Witze. Als sich einmal einer der Brüder darüber beschwerte, warf er ihn hinaus.

Seine Ansichten über Frauen waren reaktionär: »Die Frauen machen Männer zu Affen oder halten sie zum Narren ... Die Männer ziehen beim Betreten eines Lifts ihren Hut, wenn eine Frau anwesend ist; dies soll aus Respekt geschehen und um zu zeigen, daß der Mann ein Gentleman ist. In Wirklichkeit hat dieses aber eine ganz andere Bedeutung. Es ist ein Plan Satans, um die Menschen von Gott zu wenden und Gottes Wort über die Stellung von Mann und Frau zu mißachten. Der Herr hat gesagt, daß kein weibischer Mann das himmlische Königreich erben wird.«

Überdies war Rutherford ein übler Rassist. In einigen Versammlungen herrschte unter seiner Führung Rassentrennung. Im »Wachtturm« vom August 1928 verlangte er von schwarzen Gläubigen, sich nicht als Pioniere zu bewerben, da »nach unserer Erfahrung Farbige weniger gebildet sind als Weiße — viele von ihnen haben daher nicht genügend Wissen, um aus der Lektüre unserer Literatur Nutzen zu ziehen«. Er zog sogar den Schluß, »daß Literatur, die an eine Versammlung von Farbigen verteilt wird, weitgehend verschwendet wäre«.

Über solche rassistischen Sprüche des früheren Sektenchefs herrscht in den Zeugen-Versammlungen seit Jahrzehnten Unwissenheit. Da die Wachtturm-Gesellschaft ihre Zeitschriften und Bücher mit Zeichnungen bebildert, die das paradiesische Nebeneinander aller Rassen in der Christengemeinde der Zeugen

Jehovas zeigen, wäre jede Äußerung über Rassismus in den eigenen Reihen auch gefährlich. Und was nicht sein darf, das kann nicht sein.

Als Rutherford die Macht in der Wachtturm AG übernahm, stand er vor dem Scherbenhaufen Russellscher Prophezeiungsreligion. Schon 1914 war der vorausgesagte Gerichtstermin Gottes ausgeblieben. Massen enttäuschter Bibelforscher hatten daraufhin die Sekte verlassen, und von allen Seiten wurde auf die Bibelforscher eingedroschen. Was tun?

Am 17. Juli 1917 gab Rutherford im Speisesaal des New Yorker Bethel den siebten Band von Russells »Schriftstudien« frei. Die Teilstücke des Russellschen Manuskripts hatte er von zwei ergebenen Leuten heimlich zu Ende schreiben lassen und den Direktoren fertig gedruckt auf den Tisch geknallt. Die schäumten über. In den folgenden Auseinandersetzungen flogen einige Direktoren hinaus, Vizepräsident Fischer ging schließlich vor lauter Resignation freiwillig.

Die Veröffentlichung dieses Buches wurde zu einem handfesten Skandal und leitete die neue Phase in der Tätigkeit der Wachtturm-Gesellschaft ein. Das gesamte Buch war in fast unerträglicher Polemik geschrieben. So sehr die Herausgeber auch betonten, daß das Manuskript in den Grundzügen von Russell stamme, so sehr kam doch der Angriffsstil Rutherfords darin durch. Hätte Russell von diesem Pamphlet gewußt, er hätte sich wohl im Grabe umgedreht. Die Dummheit dieses Machwerks ging so weit, daß man in grotesker Form allegorischer Bibelauslegung behauptete, die Bibel hätte die Erfindung der Lokomotive und der Dampfmaschine vorausgesehen.

Die Reaktion blieb nicht aus: Sie reichte von höhnischem Gelächter bis zum Verlangen der Behörden, pazifistische Schriftstellen aus dem Buch zu entfernen. Amerika befand sich im Krieg, und pazifistische Töne paßten nicht in die politische Landschaft. Die Regierung drohte mit juristischen Schritten. Auf einmal waren Jehovas Zeugen Märtyrer. Opfer eines Angriffs auf die Religionsfreiheit.

Das Buch wurde ein Bestseller, nicht zuletzt wegen des Lärms, der darum gemacht wurde. Auch für die Sektenanhänger war es ein Einschnitt in ihrem Leben. Unter ihrem ersten Sektenchef Russell hatten sie eher im stillen gewirkt. Das Verkaufen der Zeitschriften und Bücher lag damals in den Händen von Kolporteuren. Die einfachen Bibelforscher hatten damit nichts zu tun. Das sollte sich nun ändern.

Rutherford verlangte von ihnen den Verkauf des siebten Bandes der Schriftstudien! Dabei wurden die Bibelforscher Opfer von Spott und Hohn. Doch das hatte den gewünschten Effekt: Derart an die Wand gedrückt, identifizierten sie sich mehr und mehr mit den darin enthaltenen Dogmen, wurden allmählich zu Fanatikern, bis man mit ihnen kaum noch sachlich reden konnte. Diese Einstellung paarte sich schließlich mit einer Autoritätsgläubigkeit, die selbst im Deutschland dieser Zeit ihresgleichen suchte.

Als Rutherford schließlich am 24. April 1918 in Los Angeles behauptete, daß die Geistlichen auf Erden die verwerflichsten Menschen seien und »für den großen Krieg verantwortlich, der jetzt die Menschen bedrückt«, riß den staatlichen Organen der USA der Geduldsfaden: Am 7. Mai 1918 wurden Haftbefehle gegen die führenden Mitglieder der Wachtturm-Gesellschaft erwirkt, auch gegen J. F. Rutherford.

Die Anklage lautete auf »Anstiftung zur Insubordination, Illoyalität und Verweigerung der Dienstpflicht in den Militär- und Marinestreitkräften der USA, und zwar durch persönliche Aufforderung, Briefe, öffentliche Reden und durch Verbreitung eines Buches mit dem Titel ›Band 7 — Schriftstudien — Das vollendete Geheimnis‹ in den USA sowie durch Verbreitung von gewissen Artikeln in Druckschriften wie ›Bible Students Monthly‹ (Schriftforscher), ›The Watch Tower‹ (Wachtturm), ›Kingdom News‹ (Königreichs-Nachrichten) und anderen nicht genannten Flugschriften.«

In der Urteilsbegründung behauptete der verhandlungsführende Richter: »Die religiöse Propaganda dieser Menschen richtet mehr Schaden an als eine Division deutscher Soldaten.« In der allgemeinen Kriegshysterie fiel der Richterspruch entsprechend hart aus: Bis auf einen wurden alle Angeklagten zu zwanzig Jahren Gefängnis verurteilt. Doch zu jedermanns Überraschung erklärte Rutherford anschließend: »Dies ist der glücklichste Tag meines Lebens ... Eine irdische Strafe für Glaubensüberzeugung ist eines der größten Vorrechte, die ein Mensch haben kann.«

Man muß diesen Ausspruch Rutherfords vor dem Hintergrund des »nahenden« Endzeittermins sehen, erwartete der Wachtturm am 1. Juni 1918 doch noch, »das Erntewerk würde im Sommer 1918 enden, die Tür würde geschlossen und die dunkle Nacht sich herabsenken ...«.

Aber auch 1918 verging, ohne daß etwas Entscheidendes geschah. Mit dem Ende des Ersten Weltkrieges sahen die amerikanischen Gerichte die Dinge wieder etwas besonnener. In einem Berufungsverfahren wurde erklärt, daß die Verurteilung der Wachtturm-Leitung unrecht war, Rutherford und die anderen wurden aus dem Gefängnis entlassen.

Die Gemeinde der Bibelforscher war inzwischen, vor allem wegen des erneuten Rechenfehlers, auf ganze 4000 Gläubige geschrumpft. Dem Optimismus des Sektenchefs tat das keinen Abbruch. Er begann sofort mit der Reorganisation der Sekte. Es sollte eine »theokratische« Organisation werden, von Jehova durch die Watchtower Society regiert. Dazu war religiöser Zentralismus notwendig, mit Joseph Franklin Rutherford als Vorsitzendem des göttlich legitimierten »Kanals«.

Wer sich dieser Neuordnung der Dinge widersetzte, wurde eiskalt ausgeschaltet. Laßt euch zentral regieren oder geht unter, war die Devise.

Rutherford wollte in allen Versammlungen ergebene Aufseher. Dazu mußte er die bisherigen Ältesten entmachten, die sich ihm in den Weg stellten. Manchmal gründeten Rutherfords untertänige Brüder sogar eine Konkurrenz-Versammlung, um widerborstige Älteste kleinzukriegen. Mit solchen rigiden Methoden wurden nach und nach alle Versammlungen auf Brooklyner Kurs gebracht.

Der nächste Schritt war die Einführung des Predigtdienstes. Alle Bibelforscher wurden dazu aufgefordert, die »frohe Botschaft« persönlich zu verbreiten. Die Hausbesuche von Tür zu Tür wurden eingeführt. Nur wer anderen Menschen die Glaubenslehren predigte, wurde noch als Verkündiger geführt. Viele Gläubige machten die rigorosen Veränderungen der Wachtturm-Gesellschaft nicht mit. Nach Schätzungen des ehemaligen Zeugen-Funktionärs Schnell verließen etwa dreiviertel der Bibelforscher, die der

Bewegung seit 1921 angehörten, die Sekte bis 1931. Ein Jahr später, 1932, war die Säuberung der Organisation abgeschlossen. Etwa 25 000 waren in den USA noch Verkündiger der Zeugen Jehovas.

Auch Rutherford war ein falscher Prophet. Zweimal, 1914 und 1918, hatte er bereits mit Russellschen Vorhersagen Schiffbruch erlitten. Aber manche lernen nie, und so probierte sich auch dieser Sektenboß als Prophet. 1925 sollte nun endlich kommen, worauf die Bibelforscher bisher vergeblich gewartet hatten: Harmagedon. Rutherford gab die Parole aus: »Millionen jetzt Lebender werden niemals sterben!« Und wieder fanden sich Zehntausende, die dieser Endzeitvorhersage mehr glaubten als dem Wetterbericht. Die Zeit war günstig, der Krieg hatte Unzählige dahingerafft, und die Aussicht auf ein paradiesisches Erdenleben deckte sich wieder einmal mit der Sehnsucht der Menschheit nach Frieden und Glück.

Es geschah, was angesichts der prophetischen Rechenkünstler im Brooklyner Bethel kommen mußte: nichts. 1925 verging. Die meisten, denen die Wachtturm-Gesellschaft damals versprach, sie würden niemals sterben, liegen schon jahrelang unter der Erde. Wer glaubt, daß die Endzeit-Vorhersager nach dieser erneuten Pleite nun endgültig kuriert waren, der irrt. Zwar hielt Rutherford von nun an den Mund, was die Endzeit-Berechnung betrifft, aber nach ihm sollte der spätere Präsident Knorr noch einmal ins apokalyptische Fettnäpfchen treten.

Wäre die falsche Prophetie nicht mehr als eine Niete bei der Lotterie, könnte man darüber lachen und spötteln. Aber sie hatte für viele Gläubige katastrophale Folgen: Schwerkranke Bibelforscher gingen in Erwartung von Harmagedon nicht mehr zum Arzt.

Jugendliche verzichteten in froher Erwartung auf weitergehende Schul- oder Berufsausbildung. Andere verkauften Haus und Hof und spendeten das Geld der Wachtturm-Gesellschaft. Allenthalben gab es anschließend lange Gesichter.

Rutherford indessen ließ sich nicht entmutigen. Obwohl Harmagedon ausblieb und auch Abraham, Isaak, Jakob und die anderen Propheten nicht wie vorhergesagt ihren Gräbern entstiegen, baute er ihnen im kalifornischen San Diego eine Prachtvilla. »Beth Sarim«, das »Haus der Fürsten«, sollte ihre Herberge werden, wenn sie an dem nun nicht mehr bestimmten Termin aus ihren Gräbern auferstehen würden. Bis es soweit sei, quartierte sich Rutherford in dem Prachtbau ein.

1941, kurz vor seinem Tod, ließ er sich noch einmal auf einem Kongreß von Tausenden von Kindern bejubeln. Und die Zeitschrift »Trost« schrieb darüber: »Der große alte Mann, ganz in Grau gekleidet, betritt unter dem Jubel der Kinder die Arena und zeigt ihnen in einem wunderbaren Bild die nun bald anbrechende Neue Welt. Er empfiehlt ihnen, nicht mehr zu heiraten, da das Ende der Welt unmittelbar vor der Tür stehe.«

Vor seinem Tod, an den er nicht geglaubt hatte, als er »Millionen jetzt Lebender werden niemals sterben« versprach, gaukelte er den Gläubigen erneut das Nahen von Harmagedon vor. Viele der jungen Menschen, die er aufforderte, nicht mehr zu heiraten, hielten sich daran.

Rutherford, der die Wachtturm-Gesellschaft wie ein Fürst beherrschte, starb in »Beth Sarim«, dem prunkvollen Haus der Fürsten, am 7. Dezember 1941.

Im Gegensatz zur Rangelei nach Russells Tod verlief

die Wahl des Rutherford-Nachfolgers reibungslos und einstimmig: Der Posten ging an Natan Homer Knorr, 1905 geboren, seit seinem 16. Lebensjahr Bibelforscher und seit zwei Jahren Vizepräsident der Watchtower Society. Er war bereits mit 18 in das New Yorker Hauptbüro eingetreten und neun Jahre später schon Leiter des Herausgeberbüros und der Druckereien geworden. Knorr war einer der wenigen, die sich mit dem nörgeligen Rutherford gut verstanden. Der machte ihn daraufhin 1934 zum Direktor der Wachtturm-Gesellschaft. Auf fast allen Reisen Rutherfords war Knorr dabei, auch an jenem 25. Juni 1933, als sie auf dem Kongreß der Zeugen Jehovas in Berlin den unseligen Versuch unternahmen, mit Hitler einen Pakt zu schließen.

Knorr war kein Mann von der Ausstrahlung des Diktators Rutherford. Er war durch und durch Technokrat. Der heutige Präsident Fred Franz, unter Knorr der Vize, übernahm die geistliche Führung.

Knorrs Regentschaft begann mit einer Reihe von Prozessen, die Jehovas Zeugen wegen ihrer Missionsarbeit von Haus zu Haus führen mußten. Örtliche Behörden schränkten die religiöse Klinkenputzerei der Zeugen durch mancherlei Verbote ein. Die Wachtturm-Gesellschaft klagte dagegen und ging im Prozeßverlauf bis zum Obersten Gerichtshof. Von dreizehn Verfahren gewannen sie zwölf. Ihre Streitereien um »Religionsfreiheit« beeindruckten sogar den amerikanischen Anwaltsverband: »Selten, wenn überhaupt jemals, hat in der Vergangenheit ein einzelner oder eine Gruppe während einer ganzen Zeitepoche die Gerichtspraxis auf irgendeinem Gebiet unseres umfangreichen Verfassungsrechts bestimmen können; doch es kann geschehen, und es ist

hierzulande geschehen. Jehovas Zeugen sind diese
Gruppe. Durch einen beinahe unablässigen Rechts-
kampf hat diese Organisation eine ständig zunehmende Reihe von Präzedenzfällen für die Anwen-
dung des 14. Verfassungszusatzes geschaffen, der die
Religions- und Redefreiheit betrifft.« Höhepunkt
ihrer Prozeßsiege war die Befreiung der Zeugen-Kinder vom Flaggengruß in den Schulen.

Mit der Präsidentschaft Knorrs legten sich auch die
innerorganisatorischen Reibereien. Es gab zwar weiterhin die Strafe des Gemeinschaftsentzugs, die Zahl
stieg sogar an, doch blieb das alles im internen Rahmen, die Öffentlichkeit nahm daran keinen großen
Anteil. Die Mitgliederzahlen wuchsen stetig. Zwar
sind Jehovas Zeugen nicht — wie sie selbst behaupten — die Religionsgemeinschaft mit dem schnell-
sten Wachstum (Mormonen und Sieben-Tage-
Adventisten wuchsen noch schneller), doch sie ex-
pandierten beachtlich: Binnen zwanzig Jahren stieg
ihre Mitgliederzahl auf über eine Million — eine Steigerung um 800 Prozent.

Knorr straffte auch die Organisation. Kreisdiener
wurden eingesetzt, deren Aufgabe die Anleitung und
Kontrolle eines Kreises mit mehreren Versammlungen wurde. Die Überwachung und Anleitung der
Kreise und deren Kreisdiener wiederum legte er in
die Hände von Bezirksdienern.

Gleichzeitig führte Knorr die Schulung der Prediger
ein. Bis dahin waren die Verkündiger mehr schlecht
als recht ausgebildete Agitatoren. Das änderte sich
nun. Einmal in der Woche fand eine zusätzliche
zweistündige Versammlung statt, deren erste Stunde
Dienstversammlung hieß und fortan dazu diente,
den Zeugen bessere Methoden im Verkündigen bei-

Mit dem »Wachtturm« im Felddienst von Tür zu Tür

Heimbibelstudium, Versammlungsbesuch und Zeitschriftenverkauf gehörten nach einiger Zeit zu den zeitaufwendigen Sekten-Pflichten des Autors

Wie jeder die Sekte
kennt: mit
»Wachtturm« und
»Erwachet!« auf der
Straße

Unermüdlich im
Felddienst gegen
Schmutz und Schund
der sündhaften Welt

Erwachet!

RM0040

8. AUGUST 1983 NR. 15

1. AUGUST 1983 NR. 15

Der Wachtturm

verkündigt Jehovas Königreich

KRANKHEITEN

Ein Zeichen
der „letzten Tage"?

Königreich

DELEGIERTER
VERSAMMLUNG
BEZIRKSKONGR

zubringen. Die zweite Stunde, die Theokratische Predigtdienstschule, war ein Rednerkurs, an dem alle Brüder der Versammlung teilnehmen konnten.

Wie eine Spinne wob die Wachtturm-Gesellschaft unter Knorr das Netz ihrer Organisation, mittlerweile verknüpft durch 94 Zweigbüros und 46 235 Versammlungen. Seither predigen ihre Verkündiger in jedem noch so kleinen Staat. Die Missionare folgten Entdeckern in die entlegensten Flecken der Welt, besessen von religiösem Eifer.

Als 1933 die Hochlandstämme der Papuas auf Neuguinea entdeckt wurden, waren eine Woche später die Zeugen-Missionare zeitgleich mit Protestanten, Katholiken und Mormonen zur Stelle. Sofort begann der Kampf um die Seelen der Papuas, ungeachtet der Tatsache, daß sie bislang auch ohne den Gott der Weißen gut zurechtgekommen waren.

Vom ersten Verkündiger bis zum Aufbau einer straff geführten Organisation in den missionierten Ländern geht es bei Jehovas Zeugen sehr schnell. Gleich pedantischen Buchhaltern führen sie über die Verkündiger eine detaillierte Statistik. Danach predigten im Jahr 1983 auf Anguilla 14 Verkündiger, auf Aruba 280, in Belize 594, in Brunei 9, in Dschibuti 10, auf Kiribati 11, auf Montserrat 22, in Nauru 2, in Nevis 29, in Niue 8, in Saipan 21 und in Wallis et Futuna 2 — Gebiete, deren Namen die meisten Menschen nicht einmal kennen.

Keine Sekte schickte ihre Missionare in mehr Länder. Ausgebildet werden die Missionare der Wachtturm-Gesellschaft in der Bibelschule »Gilead«. Sie wurde unter Knorrs Herrschaft 1942 auf einer Farm nahe South Lansing im Staate New York eingerichtet, die vorher hauptsächlich der Versorgung der Brooklyner

Bethel-Mitglieder diente und wo man die »beliebte Königreichsbutter« herstellte. Inzwischen verlegte die Leitende Körperschaft die Missionarsschule ebenfalls nach Brooklyn. 76 Klassen haben bisher die ideologische Schulung über sich ergehen lassen, und über 6000 Studenten aus mehr als fünfzig Ländern wurden dort auf den Missionsdienst vorbereitet.

Anschließend schickt man die »Menschenfischer« auf »große Fahrt«, hauptsächlich in Länder der dritten Welt. Belehrt über die »notwendigen Techniken für diese Art des Fischens«, machen sie sich »sozusagen an die Hochseefischerei«, heißt es im Zeugen-Vokabular.

Das einzige Desaster erlebte Knorr im Jahre 1975. Es war wieder einmal das Jahr des Endes. Harmagedon sollte nun endlich eintreffen.

Im Jahre 1967 wurde dieser Endzeittermin zum erstenmal in der deutschen Wachtturm-Literatur genannt. In dem Buch »Ewiges Leben in der Freiheit der Söhne Gottes« stand schwarz auf weiß: »Seit der Zeit Usshers ist ein intensives Studium der biblischen Chronologie betrieben worden. In diesem zwanzigsten Jahrhundert wurde ein unabhängiges Studium durchgeführt, das nicht blindlings den traditionellen chronologischen Berechnungen der Christenheit folgte, und die veröffentlichte Zeittafel, die von diesem unabhängigen Studium herrührt, gibt das Datum der Erschaffung des Menschen mit 4026 v. u. Z. an. Gemäß dieser zuverlässigen Bibelchronologie werden 6000 Jahre, von der Zeit der Erschaffung des Menschen an, mit dem Jahre 1975 enden, und die siebente Periode von eintausend Jahren Menschheitsgeschichte beginnt im Herbst des Jahres 1975 u. Z. Sechstausend Jahre der Existenz des Menschen auf der Erde werden bald vorüber sein, ja, innerhalb dieser Generation.«

Hintergrund dieses Rechenexempels ist folgender: Jehovas Zeugen glauben, daß jeder Schöpfungstag Gottes 7000 Jahre betrug. Anschließend legte Gott einen Ruhetag ein, der immer noch andauert. Dieser Ruhetag begann im Jahr 4026 vor unserer Zeitrechnung. Die letzten tausend Jahre des Ruhetages sind der »Königreichsherrschaft« Jesus Christus vorbehalten. Sie beginnen nach 6000 Jahren Menschheitsgeschichte, im Jahre 1975.

Diese Milchmädchenrechnung machte die Sektenführung auch im »Erwachet!« vom 8. April 1969 auf:

4026 v. u. Z. bis 1 v. u. Z.	4025 Jahre
1 v. u. Z. bis 1 u. Z.	1 Jahr
1 u. Z. bis 1969 u. Z.	1968 Jahre
Bis Herbst 1969	5994 Jahre

Sechs Jahre würden also noch vergehen, ehe die 6000 Jahre Menschheitsgeschichte abgelaufen sind. Danach würde 1975 die »Königreichherrschaft« Jesus Christus beginnen, nachdem in der Schlacht von Harmagedon alles Böse vernichtet wurde.

Die schlechten Erfahrungen der Vergangenheit ließen Knorr und seinen Vize Franz in der Wortwahl dieser Propheterie allerdings vorsichtig sein. Im »Wachtturm« vom 1. Januar 1967 hieß es über eine Rede Franz': »Er ging ausführlich auf Einzelheiten ein und zeigte, wie begründet das Jahr 4026 v. u. Z. als Datum für den Anfang des Ruhetages Gottes ist. Was ist nun mit dem Jahr 1975? Was wird es bedeuten, liebe Freunde? fragte Bruder Franz. Bedeutet es, daß Harmagedon dann vorüber und Satan bis zum Jahre 1975 gebunden ist? Es könnte das bedeuten!

Alle Dinge sind bei Gott möglich. Bedeutet es, daß Babylon die Große [alle anderen ›falschen‹ Religionen, d. Verf.] bis 1975 beseitigt ist? Es könnte das bedeuten . . . Doch der wichtigste Gedanke bei all diesem, liebe Freunde, ist der: Die Zeit ist kurz. Die Zeit läuft ab, darüber besteht keine Frage.«

So geschickt sich die Wachtturm-Führer mit ihren schwammigen Formulierungen auch ein Hintertürchen offen ließen, in den Zusammenkünften gab es niemanden, der diese Aussagen nicht als genaue Ankündigung von Harmagedon empfand. Und Zweigdiener, Bezirksdiener, Kreisdiener und Aufseher verpaßten diesen Aussagen anschließend die fehlende Eindeutigkeit. Laut Gerd Wunderlich, ehemaliger Zeuge Jehovas und Autor des Buches »Die Paradiesverkäufer«, hat der Zweigdiener Konrad Franke während einer Zusammenkunft in Diez öffentlich erklärt: »Brüder, da beißt die Maus keinen Faden ab, 1975 kommt Harmagedon.«

Die Aussicht auf das Ende des verhaßten »Systems der Dinge« beflügelte die Energie der Verkündiger. Viele bemühten sich, ihr »Schuldenkonto« bei Jehova ins reine zu bringen. Den Ehrlichen unter den Verkündigern ging es vor allem aber darum, noch so viele Menschen wie möglich vor dem sicheren Tod zu retten. In allen Versammlungen herrschte Endzeitstimmung.

Man kann sich die Gesichter vorstellen, als 1975 verging, ohne daß etwas geschah. Viele verließen aus Wut und Enttäuschung Jehovas Zeugen. Die Zahl der Austritte betrug nach Schätzung ehemaliger Mitglieder 25 000 Brüder und Schwestern. Die Sektenleitung versuchte, die allgemeine Aufregung herunterzuspielen. Man tat einfach so, als sei das Ende von

6000 Jahren Menschheitsgeschichte nicht gleichzu-
setzen mit den 6000 Jahren des Ruhetages Gottes.
Und wieder kam das »Neue Licht« über den »Göttlichen Kanal«. Mit ihm auch die Erklärung für die
Fehlberechnung 1975: Adam wurde zwar 4026
v. u. Z. erschaffen, aber der Ruhetag Gottes begann
erst nach der Erschaffung Evas! Doch dieses Datum
kennt niemand.

Knorr starb 1977, zwei Jahre nach seinem apokalyptischen Debakel. Der Wechsel zum Nachfolger Fred
Franz vollzog sich genauso ruhig wie vorher der
Wechsel zum Rutherford-Nachfolger Knorr. Franz
setzt das Werk Knorrs fort. Es gilt vor allem der Aus-
weitung der Sekte und der Erhöhung ihrer Schlag-
kraft. Dafür investiert die Sektenführung Millionen
in den Ankauf von Ländereien, Gebäuden, druck-
und verwaltungstechnischem Know-how.

Gegen-Darstellungen

Zu den Führungskräften dieser Religionsgemeinschaft möchte ich sagen, da ich selbst einige Lebens-
berichte dieser Menschen gelesen habe, daß es sich
hier um Menschen handelt, die jahrzehntelang Missionare waren, die ein entbehrungsreiches Leben geführt haben und aufgrund ihrer Gottergebenheit und
gottgefälliger Eigenschaften in die Führung gerufen
wurden. Welch ein Gegensatz zu der Geistlichkeit
unserer Tage! *I. A., Breklum*

Sie sprechen wiederholt von »dieser Sekte«. Wissen
Sie eigentlich, was eine Sekte ist? Schlagen Sie nach:
»Sekte« heißt »Absplitterung vom Ursprung«. Die
Zeugen Jehovas sind von keiner anderen Organisa-
tion abgesplittert, sondern von Männern wie Charles
Taze Russell durch Bibelstudium ins Leben gerufen
worden. *H.-J. F., Nindorf*

Eine chronologische Berechnung von Harmagedon
ist nicht möglich und wird von Jehovas Zeugen nicht
angestellt. Sie berufen sich immer auf die Worte der
Bibel: »Tag und Stunde weiß keiner.« *B. M., Jever*

Alle Freizeit für Jehova

Nach einiger Zeit hatte ich neben dem Heimbibelstudium drei Versammlungstermine. Privatleben gab es kaum noch. Versuchte ich einmal, mich mit dem Argument beruflicher Belastung von einem Termin zu befreien, konterte Schwester Quast mit einem passenden Bibeltext: »Wir sollten das Haus unseres Gottes nicht vernachlässigen.« Und triumphierend fügte sie hinzu: »Das beweist Ihnen doch wohl eindeutig, daß auch der regelmäßige Versammlungsbesuch darüber entscheidet, ob man Harmagedon überlebt!«
Gottes Sache dienen oder sterben, war immer die Frage. Die rüstige Rentnerin hat die Zeit dafür. Zeugen-Religion ist ihr ganzer Lebensinhalt. Für die Maurer, Friseurinnen, Schlachter, Taxifahrer und Verkäuferinnen aber, die nach anstrengendem Arbeitstag zu »ernsten Bibelforschern« werden, bedeutet so viel Glaube Streß.
Den lassen sie sich freilich nicht anmerken. Wenn sie gemeinsam die Wachtturm-Publikationen büffeln, herrscht dezente Freundlichkeit wie auf einer Cocktailparty: Alle lächeln ununterbrochen, kein lauter Ton, man sagt sich artig Nettigkeiten, jeder begrüßt jeden mit Handschlag.
Der Königreichssaal Hamburg-Mitte ist ein großer, schlichter Raum: zahlreiche Stuhlreihen, Teppich-

boden, eine Bühne mit einem Rednerpult, keine religiösen Reliquien, nur Blumenschmuck. Das »Prunk- und Protzertum« der evangelischen und katholischen Kirche lehnen Jehovas Zeugen ab. Über dem Rednerpult hängt der Jahresvers an der Wand: »Werdet standhaft, unbeweglich, und seid allezeit reichlich beschäftigt im Werke des Herrn.«

Das Gebäude haben die Mitglieder der Versammlungen Hamburg-Mitte aus eigener Tasche finanziert und in Eigenleistung gebaut. Das Zweigbüro und die Weltzentrale trugen nicht einen Pfennig dazu bei. Solche Projekte können nur mit ständigen Spendenappellen unter den Gläubigen realisiert werden. Obwohl sie das Herumreichen eines Kollektentellers als »Schwäche« und »Zuflucht zu Erfindungen« verurteilen und von sich behaupten, sie hätten seit Bestehen »noch nie um Spenden gebettelt«, bestreiten Jehovas Zeugen einen großen Teil ihrer Investitionen mit milden Gaben aus eigener Tasche. »Wachtturm« und »Erwachet!« drucken häufig Spendenaufrufe ab. Dabei gehen die Sektenführer in ihrem Geschäftssinn so weit, daß sie die spendierfreudigen Brüder und Schwestern dazu auffordern, »einmal im Jahr, im Juli, ein Schreiben einzusenden, in dem sie angeben, wieviel sie während des kommenden Jahres zu spenden beabsichtigen«. Mit dieser »Voranmeldung voraussichtlicher Spenden« kann die Leitende Körperschaft dann schon weit im voraus finanziell manövrieren. Und daß diese Voranmeldungen etwa nicht eingehalten werden, darüber braucht man sich im Brooklyner Bethel keine grauen Haare wachsen zu lassen. Zwar heißt es im »Wachtturm«, »nie wird jemand an sein Schreiben erinnert oder überprüft, ob er den erwähnten Betrag auch überwiesen hat«, doch wirken moralisch-religiöse Gesetze hier besser als jede Kontrollinstanz. Einmal beim »Göttlichen Kanal« im Wort, würde niemand das gegebene Spendenversprechen brechen. Wer als Jehovas Zeuge »die Spendierhose« trägt, gilt als besonders gottergeben.

Neben Spendenappellen versucht die Wachtturm-Gesellschaft noch auf andere Weise an die Spargroschen ihrer Schäfchen zu gelangen: Die Brüder und Schwestern sollen Testamente zugunsten der Zeugen Jehovas aufsetzen. Zweimal war ich dabei, wie die Versammelten dazu »ermuntert« wurden »zu überlegen, ob man nicht auch schon in jungen Jahren Vorkehrungen treffen sollte, damit das eigene Vermögen nicht etwa Gegnern der Wahrheit oder dem Staat in die Hände fällt«.

Dieser Erbschleicher war unser Bezirksdiener. Niemand im Saal schien die Aufforderung ungewöhnlich zu finden. Es gab weder ein Murren an dieser Stelle seines Vortrags noch andere Unmutslaute. Im Gegenteil. Die Brüder und Schwestern beklatschten seine offene Erbschleicherei sogar noch.

Damit die Aufseher darüber im Bilde sind, was die Wachtturm-Gesellschaft in puncto Spenden und Erbschaften interessiert, wurde eigens ein Handzettel mit Hinweisen an alle Aufseher verschickt: »Außer Bargeld oder Zahlungsmitteln kann jemand der Gesellschaft zu Lebzeiten auch anderes Vermögen spenden, wenn er das zu tun wünscht. Das würde Schmuck, Wertgegenstände aller Art, Grundeigentum, Aktien, Obligationen, Hypothekenforderungen, Wechselforderungen und ähnliches Vermögen, aus dem die Gesellschaft schließlich Nutzen ziehen könnte, einschließen.«

In demselben Schreiben dient sich die feine Gesellschaft auch als Begünstigte bei Versicherungspolicen an, würde aber »gern die Police zur Verwahrung unter unseren Unterlagen haben«.

Erschien ich mal nicht zur Versammlung, klingelte anschließend Telefon oder Türschelle — Jehovas Zeugen. »Wir haben Sie heute beim ›Wachtturm‹-Studium vermißt!« hieß es in vorwurfsvollem Ton. Immer wurde eine plausible Erklärung für mein Fehlen erwartet. Ich wurde regelrecht verhört und ermahnt. »Denk an Harmagedon«, drohte man mir und: »Was sind denn ein paar Termine gegen Gottes Gerichtstag?« Nahm ich den Telefonhörer nicht ab, mußte ich mit ihrem Besuch rechnen. Öffnete ich die Tür nicht, weil ich einfach mal Ruhe brauchte und mich nicht wieder für ein Fehlen entschuldigen wollte, horchten sie auf Laute aus meiner Wohnung, sahen nach, ob hinter einem Fenster Licht brannte, und gingen die Straße entlang, um zu kontrollieren, ob mein Auto irgendwo parkte.

Nach einiger Zeit war ich an vier Tagen »im Dienste des Herrn« beschäftigt. Montags Versammlungsbuchstudium, dienstags Heimbibelstudium, freitags Predigtdienstschule und Dienstversammlung, sonntags »Wachtturm«-Studium und öffentlicher Vortrag. Beim Versammlungsbuchstudium wurde mir häufig die Leseaufgabe übertragen. »Sie lesen so schön«, versuchten die Schwestern mir dieses »Vorrecht« schmackhaft zu machen. Ich vermutete jedoch einen anderen Grund dahinter: Die Leseaufgabe, das laute Vorlesen der studierten Kapitel, wurde nämlich eine Woche im voraus vergeben. Die Aufseher spekulierten darauf, daß ich nach Annahme dieses Vorrechts nicht ohne weiteres schwänzen würde.

Einmal in ihre Hände geraten, ließ die Wachtturm-
Gesellschaft mir keine Ruhe mehr. Ich wurde so mit
Versammlungsterminen eingedeckt, daß ich in meiner Freizeit zu nichts anderem mehr kam. »Das Weltliche ist sowieso alles Quatsch und geht vorüber«,
beruhigte mich Schwester Quast, wenn ich über die
vielen Termine klagte, »es zählt bald nur noch, was
wir für Jehova getan haben. Dann werden wir für unsere Mühen entschädigt.«
Die totale Herrschaft der fern in Brooklyn regieren-
den Sektenführer kann nur jemand über sich ergehen lassen, der sein Ich schon vollständig aufgege-
ben hat. Ich war bis dahin aber nur ein »Interessier-
ter«, mit dem man vorsichtig umgehen mußte. Trotzdem fühlte ich mich wie ein Gefangener, auf Schritt
und Tritt beobachtet. Kneipen betrat ich nicht, ohne
mich vorher ängstlich umzusehen, ob ein Zeuge Jehovas in der Nähe war. Wer einfach mal auf ein Bierchen in die Kneipe geht, ist schon verdächtig. Ein
Zeuge Jehovas macht so etwas nicht. Um den Infor-
mationsstand der Friedensbewegung machte ich
einen weiten Bogen. Freunde hätten mich in ein Gespräch verwickeln können. Würde mich dabei ein
Bruder beobachten, hätte ich einiges zu erklären.
»Friedenssicherung ist Jehovas Sache, und der läßt
sowieso nicht zu, daß die Welt in einem Atomkrieg
zerstört wird«, meinen die Zeugen. Als in Hamburg
Bürgerschaftswahlen stattfanden, schlich ich mich
wie ein Dieb am frühen Morgen ins Wahllokal, darauf
achtend, von keinem Glaubensbruder gesehen zu
werden. Wählen ist in ihren Augen Frevel, denn:
»Anstatt sich in Politik einzumischen oder eine göt-
zendienerische Huldigung auf einen Herrscher aus-
zurufen, bleiben sie [die wahren Christen, der Verf.]

neutral, um ›kein Teil der Welt‹ zu sein, wie Jesus es ihnen geboten hatte.«

In den Versammlungen sitzen die Gläubigen wie Schulkinder in den Reihen und heben ihre Hände, wenn sie auf die Fragen die richtigen Antworten wissen. Manchmal schnippt jemand im Übereifer mit den Fingern. Nach einigen Wochen blickte ich hinter die Fassade dienstbeflissener Frömmelei und triefender Freundlichkeit. Mißgunst, Cliquenwirtschaft, Machtbesessenheit und Angst kamen zum Vorschein. Niemand traut dem anderen. Die meisten fühlen sich einsam. Für ihre privaten Probleme und Interessen findet sich kein Ohr. Bezeichnenderweise traute man mir, dem Außenstehenden.

In dieser Zeit diente ich dann und wann als Kummerkasten. Da wurde mal über einen Ältesten gemeckert (»Der weiß zwar eine Menge, aber er hat überhaupt kein Herz!«) oder über die Frau eines Aufsehers geschimpft (»Die pflegt andauernd ihre Blumen, strickt Pullover in einer Tour und tut überhaupt nichts für die Wahrheit!«). Aber in Vorträgen wurde immer wieder die Einheit der Versammlung beschworen.

Kritiker gelten als »satanische Spalter, die die Wahrheit vernichten wollen«, und jedes noch so harmlose Abweichen von den offiziellen Dogmen wird schnurstracks den Aufsehern gemeldet. Denunziation ist an der Tagesordnung. Dabei denken sich die Petzer nicht einmal etwas Böses, »denn schließlich tue ich damit ein gottgefälliges Werk und rette den Bruder vor dem geistigen Tod«.

Versammlungen werden nur von besonders strammen Verfechtern der Wachtturm-Lehren geführt, von den sogenannten Aufsehern oder Ältesten. Die Ältestenschaft bestimmt die geeignete Person; natürlich nach Rücksprache mit Kreis- und Bezirksaufseher. Für die Entscheidung wird auch der »Bericht über persönliche Befähigung« herangezogen. Im Dezember jedes Jahres haben die Versammlungsaufseher über die Pioniere der Versammlung ein Formular anzufertigen. Kränkliche Pioniere, so steht es im Formular, brauchen gar nicht erst geprüft zu werden. Das ausgefüllte zweiseitige Blatt muß anschließend, mit der Einschätzung des betreffenden Pioniers durch die Aufseher, an das Zweigbüro Selters geschickt werden.

Funktionen haben bei Jehovas Zeugen ausschließlich Männer inne. Dem »Organisationsbuch« entsprechend müssen sie »untadelig sein, Mann einer Ehefrau, mäßig in den Gewohnheiten, gesunden Sinnes, ordentlich, gastfreundig, lehrfähig, keine lärmenden Trinker, sondern vernünftig, nicht streitsüchtig, nicht geldliebend . . .«.

Einmal mit diesem Persilschein ausgestattet, haben die Aufseher in ihrer Versammlung fast uneingeschränkte Macht — und sie machen selbstherrlich von ihr Gebrauch. Oft traf es eine ältere Schwester, eine besonders eifrige Verkündigerin. Sie hat sich ihr Leben lang für die Wachtturm-Gesellschaft abgerackert, verkauft monatlich über hundert Zeitschriften und überweist der Gesellschaft siebzig Mark Spende im Monat. Aber sie tritt in der Versammlung mit einer Bestimmtheit auf, die in der Sekte nur Männern zusteht. Das provoziert die Aufseher. Bei dem kleinsten Fehler im Frage-und-Antwort-Spiel des Wachtturm-Studiums wurde sie abgekanzelt. Hinter der schleimigen Freundlichkeit der Ältesten kommen dann seelenlose, gefühlskalte Fanatiker zum Vorschein. Die alte Frau weinte danach oft zu Hause.

Trotzdem bleibt sie den Zeugen Jehovas weiterhin treu ergeben: »Wenn ich die Wahrheit nicht mehr habe, bin ich ja ganz allein.«

Einer dieser Aufseher ist Bruder Hans Demuth*, ein verbohrter Fanatiker, dessen Dogmatismus seine menschlichen Züge bis zur Unkenntlichkeit entstellt hat. Bruder Demuth, fünfzig, ist gelernter Fotograf. Ein drahtiger Mann mit kalten, leblosen Augen, blondem Kurzhaar und einem rundlichen Gesicht, das seinen lausbubenhaften Ausdruck im Nu in eiskalte Starre verändern kann. Einige Jahre nach dem Krieg, so erzählte er mir einmal, wurde er in der DDR wegen »subversiver Tätigkeit gegen den Arbeiter- und Bauernstaat« verhaftet. Er bekämpfte den Sozialismus damals aus politischen Gründen. Dafür wurde er zu zehn Jahren Gefängnis verurteilt. Nach wochenlanger, zermürbender Einzelhaft hat man ihn zu einem Mitgefangenen in die Zelle gesperrt. Vor Freude fiel er dem Mann um den Hals und weinte. Der lächelte und sagte zu ihm: »Weine nicht, auch du hast Grund zur Freude!« Jetzt haben sie dich zu einem Irren in die Zelle gesteckt, glaubte er damals. Der Mann war Jehovas Zeuge.

Heute ist Hans Demuth in der Sekte Aufseher und Pionier. Als Pionier hat er sich der Wachtturm-Gesellschaft gegenüber verpflichtet, neunzig Stunden im Monat in den Predigtdienst zu gehen. Seine Frau verkündigt ebenfalls als Pionier. Zweimal in der Woche fährt er Taxi, um den Lebensunterhalt zu verdienen. Die Ansprüche der beiden sind gering. Sie fahren einen 2-CV-Kleinstwagen und leben in einer 26 Quadratmeter winzigen Wohnung.

Die Zeugen Jehovas unserer Versammlung waren Männer und Frauen, vom 14jährigen Schüler bis zur

neunzigjährigen Rentnerin — ohne besondere Prä-
senz einer bestimmten Altersgruppe. Diese Zusam-
mensetzung entsprach der weltweiten Organisation
der Sekte. Frauen sind in den Versammlungen zahl-
reicher als Männer, haben dort aber nichts zu melden. Sie dürfen keine Ämter übernehmen und keinerlei Belehrungen erteilen. Der Mann ist das Haupt
der Frau, ihm hat sie sich zu unterwerfen. Bedin-
gungslos. Das geht so weit, daß man Frauen, die
ihren prügelnden Mann verlassen, wegen Verstoßes
gegen die Grundsätze der Ehe mit Gemeinschaftsentzug bestraft.
Nachwuchssorgen gibt es nicht: Die Zahl der jugendlichen Sektenanhänger ist größer als die Gesamtzahl
aller Bhagwanis. Jehovas Zeugen sind demnach die
größte Jugendsekte, ein Umstand, der den Spezia-
listen in Kirchen und Behörden bislang nicht aufge-
gangen ist. Und der Begriff »Jugendlicher« trifft bei
ihnen auch zu, im Gegensatz zu Bhagwanis, Sciento-
logen und Moonies, die in ihrer Mehrheit schon mit
der Midlife-crisis zu kämpfen haben. Zeugen Jehovas
kommen überwiegend aus einfachen Verhältnissen,
sind meist Arbeiter oder kleine Angestellte. Nur wenige haben einen hohen Bildungsstand. Abiturien-
ten kann man mit der Lupe suchen. Ihre Motive gleichen den Anhängern anderer Sekten: die Suche nach
Geborgenheit und Schutz in einer Gruppe, ein geord-
netes Weltbild, das auf alle Katastrophenmeldungen
eine plausible Erklärung gibt. All das bieten Jehovas
Zeugen.

Gegen-Darstellungen

Es ist doch logisch, daß beim Tod eines Zeugen Jehovas, wenn keine näheren Verwandten zur Stelle sind oder diese es dem Zeugen zu Lebzeiten schwer gemacht haben, er seinen Nachlaß dem Werk überschreibt, obwohl die Wachtturm-Leute in vielen Fällen davon gar nicht so begeistert sind.

G. K., München

Sie behaupten, wir würden aufgefordert, unser Vermögen durch Testament der Wachtturm-Gesellschaft zu vermachen. Mir ist nur bekannt, daß der, den es zum Geben drängt, dies in bar oder per Überweisung tun soll.
Sie behaupten auch, wenn ein Zeuge Jehovas Aufseher würde, hätte er uneingeschränkte Macht, wovon auch oft Gebrauch gemacht würde. Wer solche Macht bekommt und davon Gebrauch macht, ist bestimmt kein echter Zeuge Jehovas.

A. W., Ammerbusch

Niemals wird in den Versammlungen der Zeugen Jehovas dazu aufgefordert, ein Testament zugunsten der Wachtturm-Gesellschaft zu machen.

B. M., Jever

In Wirklichkeit sind die Menschen, die sich eng mit der Neuen-Welt-Gesellschaft der Zeugen Jehovas verbunden haben, überaus glücklich. Sie sind wahrhaft durch die Wahrheit freigemacht worden, frei von der falschen Religion, frei von den politischen Parteien, wo sich meist nur durchsetzen können, die ihre Ellenbogen gebrauchen und kaum verwirklichen, was sie ihren Wählern vor den Wahlen versprechen. Nein, diejenigen, die in die »Fänge« der Zeugen Jehovas geraten, sind nicht blinde Sektenanhänger, wie ja die Zeugen Jehovas überhaupt keine Sekte sind. *A. B., Köln*

Ja, sie sind als Arbeitnehmer in allen Bereichen zu finden. Sei es auf wirtschaftlichem oder sozialem Sektor. Wer sie als Nachbar oder als Arbeitskollege kennengelernt hat, schätzt sie, weil sie anwenden, was sie andere lehren: sie sind in der Regel ordentlich, fleißig, ehrlich, zuverlässig, sittlich einwandfrei, beteiligen sich an keinen Streiks — in einer Welt, die solche Eigenschaften oft vermissen läßt. Auch sind sie durch das Studium der Bibel bessere Ehefrauen, bessere Ehemänner, gehorsamere Kinder geworden, alles in allem die besseren Staatsbürger. *R. V., Bad Säckingen*

Der deutsche Sektenableger blüht

Die Bibelforscher nahmen ihr Missionswerk in Deutschland etwa um die Jahrhundertwende auf. 1908 wurde bereits die Zentrale in Barmen eingerichtet, und 1918 zählte die Wachtturm-Gesellschaft schon 5545 fromme Schäfchen im Land.

Die Wirren der Nachkriegszeit waren ein guter Nährboden für die Paradiesverkäufer. Novemberrevolution, Kapp-Putsch, Inflation und Arbeitslosigkeit öffneten den Bibelforschern die Türen und häufig auch die Ohren ihrer Opfer. Die Menschen suchten etwas, an das sie wieder glauben konnten, nachdem viele ihrer Wertvorstellungen im Tohuwabohu des Krieges verlorengingen. Auf dem Markt der politischen und religiösen Heilslehren lagen die Bibelforscher mit ihren Verlockungen von einem »Paradies auf Erden« gerade richtig.

Unter der Führung des Werftarbeiters Paul Balzereit wurden die Befehle aus Brooklyn linientreu umgesetzt. Dafür floß reichlich Geld aus Amerika in die deutsche Sektenkasse. Der Erfolg blieb nicht aus: Bis zum Beginn des Tausendjährigen Reiches wuchs die Gemeinde in Deutschland auf etwa 25 000 Zeugen Jehovas an, und Dresden war mit 1414 Verkündigern die stärkste Ortsversammlung der Welt, größer noch als der Sektensitz New York.

Nach dem Zweiten Weltkrieg und den Verfolgungen durch die Nazis begann die Wachtturm-Gesellschaft 1945 sofort mit dem organisatorischen Wiederaufbau. In ihrer Magdeburger Zentrale bildeten sie unter Erich Frost ein Leitungskomitee. Erster Schritt Frosts war die Errichtung eines weiteren Büros in Wiesbaden-Dotzheim, aus dem später das deutsche Zweigbüro wurde.

Mit Hilfe der amerikanischen Militärregierung kamen die Zeugen Jehovas bald wieder auf die Füße. Im Jahrbuch 1947 der Wachtturm-Gesellschaft schrieb Erich Frost optimistisch: »Am 14. Februar überreichte man mir das von der amerikanischen Militärregierung ausgestellte Dokument für die Druck- und Verlagslizenz ... Anläßlich eines Besuches bei der Militärregierung erfuhr ich, daß amerikanische Offiziere eine Druckerei für die Watch Tower suchten. Und wenige Tage später durfte ich mit einigen Brüdern nach Karlsruhe fahren und daselbst eine den Nazis weggenommene Druckerei in kommissarische Verwaltung übernehmen.«

Nachdem die Wachtturm AG von amerikanischer Seite derart wohlwollend behandelt wurde, war die Haltung gen Osten trotz beschworener Neutralität eindeutig. Im »Erwachet!« vom 22. Dezember 1947, überschrieben mit »Deutschland unter russischer Herrschaft«, hieß es: »Seither hat sich für das deutsche Volk in politischer Hinsicht nicht viel gebessert, und die wirtschaftliche Lage hat sich sehr verschlechtert. Zwar ist der Schrecken der Luftangriffe verblaßt, dafür sind Hunger und Seuchen da. Zwar existieren die Konzentrationslager der Nazis nicht mehr, doch fühlt sich die breite Volksmasse hier in der östlichen Zone im allgemeinen nicht viel freier als zur Nazi-Zeit. Eine weitgehende Kontrolle wird auf allen Gebieten ausgeübt, und die angewandten Methoden ähneln oft den nazistischen. Die Meinung ist vorherrschend, daß die Russen unbedingt verschwinden müssen, weil es solange keine wirklich freiheitliche Entwicklung gibt.«

Solche Töne hörten sich die SED-Funktionäre nicht lange an. Am 30. August 1950 wurde das Zweigbüro in Magdeburg geschlossen, und am 31. August wurde die Wachtturm-Gesellschaft »aus der Liste der erlaubten Religionsgemeinschaften im Bereich der Deutschen Demokratischen Republik und in Groß-Berlin gestrichen und somit verboten«. Seitdem arbeiten Jehovas Zeugen in der DDR illegal. Berichte über die Zahl der Sektenanhänger und ihre Aktivitäten dringen nicht an die Öffentlichkeit.

In der Bundesrepublik gibt es heute über hunderttausend Verkündiger, organisiert in 1494 Versammlungen. Von ihnen sind 4269 hauptamtlich bei der Sekte beschäftigt, sogenannte Vollzeitpioniere. Dazu zählt man Pioniere (mindestens neunzig Predigtdienststunden im Monat) und Sonderpioniere (120 Predigtdienststunden im Monat).

Dirigiert wird das Verkündigerheer vom deutschen Zweigbüro. Auf einem Taunusberg bei Selters stampften bis zu tausend Brüder die gigantische neue Deutschland-Zentrale aus dem Boden. Architekt des deutschen Zweigbüros (Jehovas Zeugen: »... ein Schmuckstück«) ist Egon Jux, getaufter Zeuge Jehovas, bekannt geworden durch die Konstruktion der Köhlbrandbrücke in Hamburg. Viele Gläubige opferten für die Bauarbeiten ihren gesamten Jahresurlaub. In allen Zeugen-Versammlungen Deutschlands wurden Bauarbeiter rekrutiert. Ihre

DEUTSCHE DEMOKRATISCHE REPUBLIK
MINISTERIUM DES INNERN
DER MINISTER   I/67

BERLIN NW7, DEN 31. August 1950
LUISENSTRASSE 40
TEL. 42 37 77
APP.

jetzt: Berlin - W. 8
Mauerstr. 25

An die

WATCH TOWER
BIBLE AND TRACT SOCIETY
Wachtturm-Bibel- und Traktat-Gesellschaft
Deutsches Zweigbüro Magdeburg

Magdeburg
Wachtturmstraße 17-19

"Jehovas Zeugen" und deren in Ihrer Gesellschaft bestehende
Verwaltung werden mit dem heutigen Tage aus der Liste der erlaubten Religionsgemeinschaften im Bereich der Deutschen Demokratischen Republik und in Groß-Berlin gestrichen und sind somit verboten
Jede Tätigkeit der oben Genannten oder in deren Sinne ist damit
untersagt und strafbar.

Die Tätigkeit der "Zeugen Jehovas" in den letzten 10 Monaten hat
klar bewiesen, daß diese den Namen einer Religionsgemeinschaft
fortgesetzt für verfassungswidrige Zwecke mißbrauchen. Sie haben
im Gebiet der Deutschen Demokratischen Republik und in Groß-Berlin
eine systematische Hetze gegen die bestehende demokratische
Ordnung und deren Gesetze unter dem Deckmantel religiöser Veran-
staltungen betrieben. Außerdem haben sie fortlaufend illegales
Schriftenmaterial eingeführt und verbreitet, dessen Inhalt sowohl
gegen die Verfassung der Deutschen Demokratischen Republik, als auch
gegen die Bestrebungen zur Erhaltung des Friedens verstößt.

Gleichzeitig ist festgestellt, daß die "Zeugen Jehovas" dem
Spionagedienst einer imperialistischen Macht dienstbar sind.

(Dr. Steinhoff)
Minister

Eignung wurde mit einem eigens entwickelten Fragebogen ermittelt. Brav meldeten sich im Laufe der dreieinhalbjährigen Bauzeit mehrere tausend Zimmerleute, Maurer, Klempner, Schlosser, Elektriker; sogar ein Professor, verkündeten die Zeugen stolz, krempelte für das deutsche Bethel die Ärmel hoch. Die freiwilligen Helfer sparten den deutschen Sektenmanagern Millionen, leidtragend waren oft die Familien der Brigadenmitglieder: Urlaub und Erholung fielen für drei Jahre aus.

Ihr Baugelände im Taunusörtchen Selters kauften sich die Zeugen aus 65 Einzelgrundstücken zusammen, darunter auch ein Gemeindewald und ein Grundstück mit drei Hochhäusern. Die störenden Bewohner (Originalton Jehovas Zeugen: »Alles Asoziale!«) setzte die Wachtturm-Gesellschaft nach und nach in andere Häuser um. Geldprämien, gestaffelt nach Dauer der Umsiedlung, sollten den Bewohnern den schnellen Umzug schmackhaft machen. Anschließend klotzte sie auf 300 000 Quadratmetern ihre Zentrale an die Westseite des Taunusgebirges hin, in einer Höhenlage zwischen 180 und 240 Metern, mitten ins Naturparkgebiet Hochtaunus. Vorher hatten sie sich im ganzen Land nach geeignetem Gelände umgesehen. 123 Grundstücke wurden geprüft, denn, so die »Bauinformation« der Zeugen Jehovas: »Man wollte prüfen, was Jehovas Wille sei.« Für das reibungslose Eintreffen der Baugenehmigungen bedankten sie sich artig bei der Großgemeinde Selters und lobten »die gute Zusammenarbeit in Verbindung mit Genehmigungen und durch Maßnahmen der Erschließung mit einer neuen Zufahrtsstraße, für eine verstärkte Wasserzuführung und in Verbindung mit der Kanalisation zur Entwässerung«.

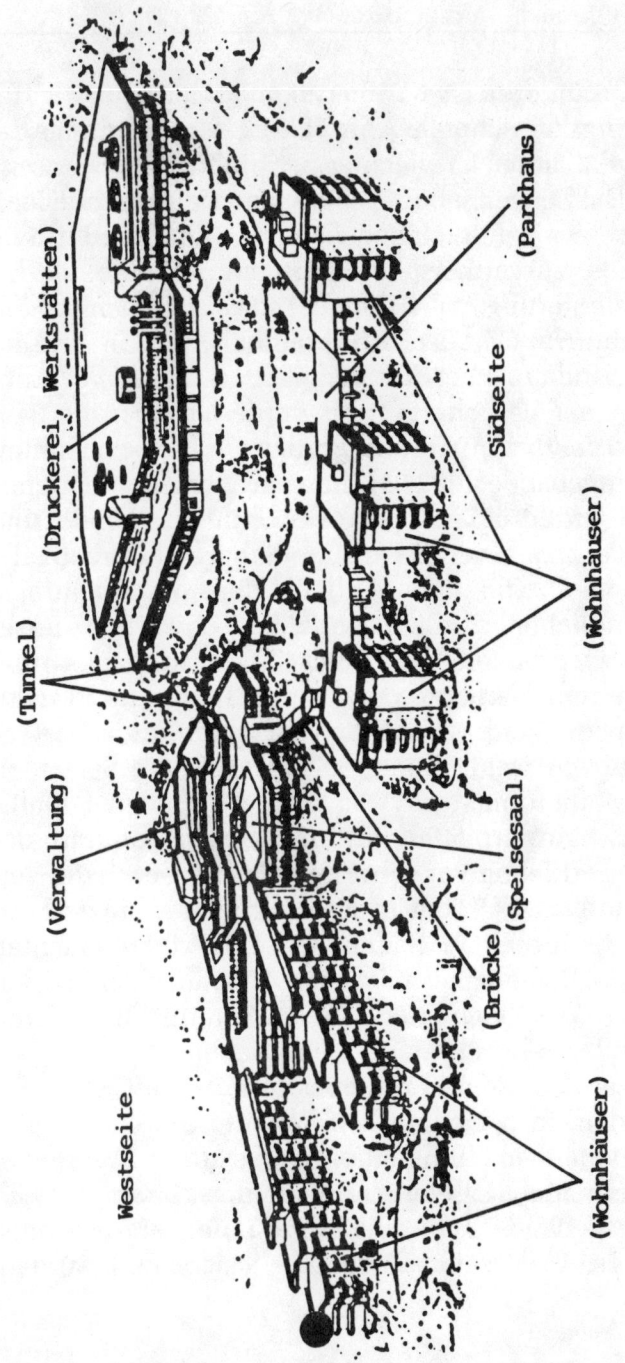

(Druckerei, Werkstätten)

(Parkhaus)

Südseite

(Tunnel)

(Verwaltung)

(Wohnhäuser)

(Brücke)

(Speisesaal)

Westseite

(Wohnhäuser)

Deutsche Wachturm-Zentrale im Taunus

CDU-Bürgermeister Weltermann erklärte mir die ungewöhnlich schnelle Abwicklung der Bauanträge damit, daß er ein »Verfechter der Entbürokratisierung« sei. Die Zeugen Jehovas bedankten sich anschließend für seinen erfolgreichen Kampf gegen den Bürokratismus. Bürgermeister Weltermann: »Eine verstärkte Missionierung, das haben wir in Gesprächen mit der Wachtturm-Gesellschaft vereinbart, soll in unserer Gemeinde nicht stattfinden.«

Mit einer Besuchergruppe wurde ich über die Baustelle geführt. Auf einem großen Gelände stehen fünf Wohngebäude mit 272 Zimmern oder Appartements, eine Großdruckerei, ein Verwaltungsgebäude und ein Parkhaus; verklinkert in »Sahara-bunt rustikal«. Begeistert von dem Anblick der »unterhaltungsfreundlichen Außenfassaden«, schwärmte unser Führer prophetisch: »Eines Tages werden 40 000 Obst- und Zierbäume sowie zwei Teiche die 30 Hektar in ein Paradies auf Erden verwandeln.«

Sogar ein wenig Luxus leistete sich die Sektenleitung, allerdings nur wegen eingeräumten Rabatts: »Die Marmorplatten für den Speisesaal und das Foyer erhielten wir sehr preisgünstig durch die Vermittlung der Brüder in Rom direkt aus einem Marmorsteinbruch in Italien. Unsere Brüder brachten diesen Bodenbelag mit ihren Lastzügen mit, wenn sie in Wiesbaden oder Selters Literatur für ihr Land abholten.«

Einige Bauten sind durch unterirdische Gänge verbunden. In der deutschen Wachtturm-Zentrale gibt es Hallenbad, Tonstudio, Werkstätten, Wäscherei, Friseurladen, Cafeteria und Tagungssäle. Im Verwaltungsgebäude steht eine große Datenverarbeitungsanlage. Welcherlei Daten dort gespeichert werden,

Fred Franz, Herrscher über 2,6 Millionen Verkündiger

Am Fuß der Brooklyn-Bridge besitzt die
Wachtturm-Gesellschaft elf Gebäude. Als getaufter
Bruder konnte sich Rolf Nobel dort und auf der
Sekten-Farm umsehen

Stolz demonstriert die
Sekte, wie hier im
Druckereigebäude von
Wallkill, die gigantischen
Auflagen der
Sekten-Postillen

Ob im Speisesaal in Brooklyn, wo per Kabel-TV die
Reden der Sektenbosse übertragen werden, ob im neuen
deutschen Bethel: Modernste Technik wird eingesetzt

NEUBAU
VERWALTUNGS-, WIRTSCHAFTS-, WOHN- UND DRUCKEREI-
GEBÄUDE

BAUHERR:
WACHTTURM
BIBEL- UND TRAKTAT-GESELLSCHAFT
DEUTSCHER ZWEIG, E.V.
GREIFSTR. 5, TEL. (06121) 46 00 32
6200 WIESBADEN-DOTZHEIM

PLANUNG, BAULEITUNG UND AUSFÜHRUNG: BAUABTEILUNG DER WACHTTURM-GESELLSCHAFT
BAUSCHEIN-NR. 935/79, 1225/79, 1236/79, 1-5/80, 365/80, 614/80

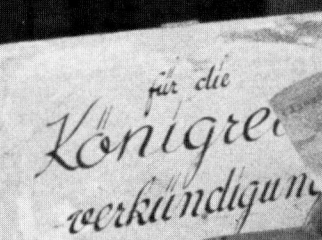

Viele Zeugen spenden der Wachtturm-Gesellschaft
alles, was sie entbehren können

konnte mir während der Besichtigung keiner der Führer sagen. Die Druckerei ist dagegen kein geheimnisumwitterter Platz, und in der Presseerklärung zur Einweihung erklärten die Zeugen stolz, daß dort Literatur in 29 Sprachen gedruckt wird.

Die Verwaltungs- und Machtzentralen der Sekte heißen weltweit Bethel — Haus Gottes. Im deutschen Bethel arbeiten über 500 Bethel-Diener für die Verbreitung der »Wahrheit«, hauptsächlich in der Großdruckerei mit den zwei Rollenoffsetmaschinen, den fünf Rotationsmaschinen und der Vierfarben-Bogenoffsetmaschine. In nur einer Stunde können auf den beiden Rollenoffsetmaschinen 88 000 »Wachtturm« oder »Erwachet!« gedruckt werden, und auf den Maschinen der Buchfertigungsstraße entstehen täglich 25 000 Bücher.

Die meisten Bethel-Diener wohnen in Zweibettzimmern. Bethel-Diener sind jung, ledig, kinderlos, alles andere gilt als Ausnahme. Sie müssen sich mindestens für ein Jahr verpflichten. »Ledige Schwestern werden nicht ermuntert, sich zu bewerben, wenn sie keine besondere Ausbildung, beispielsweise als Krankenschwester, haben.« Die rekrutierten Bethel-Diener müssen bereit sein, »jede Arbeit zu verrichten, die einem im Bethel aufgetragen wird«, heißt es in der Anweisung für die Anwerber von Bethel-Brüdern. »Demutjahr« nennen sie die Schinderei im internen Sprachgebrauch. Dabei handelt es sich meistens um einfache Reinigungsarbeiten und das Bedienen im Speiseraum.

Viele Brüder überstehen nicht einmal die ersten Wochen. In den Versammlungen hat man ihnen erklärt, daß im Bethel Gleichheit und Brüderlichkeit herrschen, wie in den Versammlungen der Urchristen.

113

Diese Illusion verfliegt im Handumdrehen. Klaus Barneck*, ehemaliger Bethel-Diener: »Am ersten Tag im Bethel streckte ich einem Zweigdiener die Hand entgegen, um mich vorzustellen. Der sah mich ganz entsetzt an. Ich kapierte bald, daß wir einfachen Brüder einen gebührenden Abstand von leitenden Brüdern zu halten haben.«

Wer das nicht begreift oder nicht begreifen will, der wird mit den miesesten Arbeiten eingedeckt, die im Bethel zu vergeben sind. Wer hält es schon durch, monatelang als »Latrinenordonanz« die Toiletten zu reinigen. Auf diese Weise kriegen sie jeden »rebellischen Geist« klein.

Für Bethel-Diener gibt es im Bethel keine Privatsphäre. Die Türen bleiben einem kollektiven Zwang entsprechend unverschlossen (»Bei uns gibt es ja keine Diebe!«), und »die Wände haben Ohren«. Persönliche Aufzeichnungen kann man unter solchen Umständen nicht herumliegen lassen. Andernfalls landen sie beim Bethel-Leiter, und der überrascht einen dann mit intimen Kenntnissen aus dem eigenen Privatleben.

Ein Zeugen-Ehepaar wurde einmal in ein Zimmer mit dickeren Wänden umquartiert, weil sich eine ältere Schwester von deren Lustgestöhne gestört fühlte. Vorher ist ein Mitglied der Bethel-Leitung bei den Brüdern und Schwestern in den Nachbarzimmern des Ehepaares gewesen und hat drucksend herumgefragt, ob auch sie »intime Töne« vom ehelichen Nachtleben gehört hätten. Natürlich hatte dies zur Folge, daß bald jeder im Bethel wußte, daß das Ehepaar beim Beischlaf Lärm machte.

Unter solchen Verhältnissen ist Angst und Mißtrauen der ständige Begleiter aller Bethel-Mitarbeiter.

114

Denn schon die geringste Klage über Brüder oder Schwestern, ein beiläufiges Meckern über dies und das oder eine leise Kritik an den Lehren der Gesellschaft kann unangenehme Folgen haben. Der Bruder, dem gegenüber man etwas Derartiges äußert, kann morgen schon — vielleicht nach einem Streit über Kleinigkeiten — zum Bethel-Leiter rennen und einen denunzieren.

Zeugen Jehovas, die fast ihr ganzes Leben lang in der Wachtturm-Zentrale arbeiten, sind natürlich vom Wohlwollen der Aufseher vollkommen abhängig. Wenn sie irgendwo anecken und das Bethel verlassen müssen, stehen sie ohne einen Pfennig da. Das passierte einem Bäckermeister des Bethel. Vier Tage nach einem Verstoß gegen die Glaubens- oder Moralvorstellungen der Zeugen Jehovas wurde er vor die Tür gesetzt. Er kam aus der DDR, wo er wegen seiner Mitgliedschaft bei Jehovas Zeugen im Gefängnis saß. Der Bäcker war ein Bär von einem Mann. Nach dem Ausschluß aus der Gemeinschaft und dem »Haus Gottes« saß er wie ein Häufchen Elend weinend auf seinen Koffern im Hof des Bethel, ohne einen Pfennig in der Tasche und ohne einen Freund oder Verwandten »aus der Welt«, der ihm hätte helfen können.

Für ihre fleißigen Bethel-Diener zahlt die Wachtturm-Gesellschaft keinen Pfennig zur Rentenversicherung. Krankenkassenbeiträge in Höhe von 50 Mark zum »Nonnen- und Mönchstarif« bei der DAK werden entrichtet. Von ihren 79 Mark Taschengeld können sich selbst die sparsamsten Mitarbeiter nichts für den Fall eines Gemeinschaftsentzugs zurücklegen. Natürlich käme auch niemand auf die Idee. Dazu erhalten sie 600 Mark Kleidergeld im Jahr.

Damit kann man keine großen Sprünge machen.
Schon gar nicht große Autos fahren. Trotzdem kutschieren einige der Bethel-Diener in stattlichen Limousinen durch die Gegend. Des Rätsels Lösung:
»Spenden von wohlhabenden Brüdern«. Tatsächlich
kommen aber nur ranghöhere Brüder in den Genuß
derartiger »Spenden«.

Auch ansonsten wissen sich Brüder aus der Führung
durchaus geschickt durchs Leben zu mogeln, mit
ganzen 79 Mark im Monat. Einer dieser Lebenskünstler ist Bruder Einschütz, ehemaliger Bethel-Leiter. In dieser Position war es ihm eine besondere
Freude, die Leistungen der Putzfrauen zu kontrollieren. Mit einem weißen Handschuh an den Händen
wischte er über die geputzten Tische und Schränke.
Und wehe, wenn die Fingerspitze des Handschuhs
anschließend schmutzig war. Dann erlebten die
Putzfrauen ein Donnerwetter.

Dieser Bruder ließ sich gern zu Vortragsreisen einladen. »Bruder Einschütz ist wieder auf Butterfahrt«,
hieß es dann während seiner Abwesenheit im Bethel.
Im Rahmen seiner Vorträge appellierte er in den
Versammlungen an die Spendenbereitschaft für die
fleißigen Bethel-Diener. Kam er anschließend zurück, so berichtet ein ehemaliger Glaubensbruder,
»quälte er seinen Wagen vollbeladen auf hängender
Achse den Hügel zum Bethel hoch«. Einmal half ihm
dieser Bruder auch beim Ausladen. Aber er traute
seinen Augen kaum: Aus dem Kofferraum kamen ein
Faß Most, mehrere Wurstpakete, weitere Lebensmittel und ein paar Kleidungsstücke zum Vorschein.
Und im Bethel-Zimmer von Bruder Einschütz sah es
aus wie im Warenlager eines Kaufhauses. Es war alles
da, was das Herz begehrt: Konserven, Süßigkeiten,

Dauerwurst, Wein, Spirituosen, ein großer Schinken, Käse.

Mächtigster Zeuge Jehovas des bundesdeutschen Zweiges ist der Amerikaner Richard Kelsey. Die Berufung eines Amerikaners zum Zweigkoordinator hat seinen Grund: Aus permanenter Angst vor Abweichlern und Spaltern vertrauen die alten Herren im New Yorker Bethel einem Amerikaner mehr als einem Deutschen.

Derart entmündigt, muckt im deutschen Zweigbüro dennoch niemand dagegen auf. Die übrigen Mitglieder des Zweigbüros haben ohnehin nichts zu melden. Sie wurden auf Befehl des »treuen und verständigen Sklaven« eingesetzt und müssen nach der Pfeife von Richard Kelsey tanzen. Der gibt kraft verliehener Macht und Autorität aus den USA den Ton an. Würde jemand dagegen opponieren, wäre es sein Todesurteil. Die Leitende Körperschaft fackelt in solchen Fragen nicht lange, und der Betreffende wäre im Nu als »Werkzeug Satans gezeichnet« und »der Vernichtung Jehovas ausgeliefert«.

Kelsey ist nicht der einzige Amerikaner im deutschen Bethel. Aufpasser aus dem Mutterland der Sekte sitzen in verschiedenen Abteilungen der westdeutschen Zeugen-Zentrale. Ihre Berichte gehen direkt nach Brooklyn. Auch diese Maßnahme dient der Kontrolle der Brüder. So haben die alten Herren im Welthauptquartier immer die Möglichkeit, die Berichte der deutschen Zweigdiener mit denen ihrer Landsleute zu vergleichen. Seit sich mehrmals ganze Zweigbüros von der Wachtturm-Gesellschaft losgesagt haben, sind die Führer um Fred Franz mißtrauisch geworden.

In der deutschen Sektenzentrale werden »Wachtturm« und »Erwachet!« nicht nur gedruckt, sondern auch übersetzt. Zwölf Übersetzer sind damit beschäftigt. Haben sie die Manuskripte aus den USA ins Deutsche übertragen, werden sie noch einmal im Korrektorat geprüft; auch darauf, ob die Lehraussagen stimmen. Fast in jeder Ausgabe werden inhaltliche Widersprüche festgestellt. Offensichtlich arbeiten die Zeugen im amerikanischen Schreibbüro sehr schlampig. Die deutschen Korrektoren fragen wegen dieser Fehler dann vorsichtig in Brooklyn an. Meist trifft die Antwort erst ein, wenn die Rotationsmaschinen mit den fehlerhaften Artikeln schon auf vollen Touren laufen.

Den deutschen Zweigdienern bleibt dann nichts anderes übrig, als in einem Brief an alle Ältestenschaften das »Versehen zu bedauern« und die Aufseher um Korrektur und Richtigstellung zu bitten.

Im »Wachtturm« oder »Erwachet!« selbst schreiben, das dürfen ohne vorheriges Okay aus Amerika im deutschen Bethel außer Richard Kelsey nur zwei Personen, beide sind Nordamerikaner. Artikel mit »Lehraussagen« dürfen aber auch sie nicht verfassen. Dieses »Vorrecht« bleibt den Mitgliedern der Leitenden Körperschaft vorbehalten. Sie kontrollieren auch die Manuskripte der deutschen Zweigdiener, wenn die ihre Brüder und Schwestern mit einem Beitrag beglücken wollen. Sagt Brooklyn aber »No!«, dann wandern die Manuskripte in den Papierkorb.

Wenn sich die schreibenden Amis in Deutschland ans Werk machen, dann nehmen sie es mit der Wahrheit nicht immer genau. Meist schreiben sie »Erfahrungen« von Verkündigern nieder. Da wird auch mal ein wenig gelogen, wenn es sich im »Wachtturm« besser und eindrucksvoller macht:

118

TELEFON
(0 61.21) 46 00 32

WACHTTURM
BIBEL- UND TRAKTAT-GESELLSCHAFT
DEUTSCHER ZWEIG, E. V.

POSTFACH 59 20, GREIFSTRASSE 5, 6200 WIESBADEN 1, DEUTSCHLAND

TELEGRAMME
WACHTTURM

AC 12. Februar 1982

An alle Ältestenschaften der
Versammlungen der Zeugen Jehovas
in der Bundesrepublik und in West-Berlin

Liebe Brüder!

In unserer Ausgabe des Wachtturms vom 15. Februar 1982 haben sich im Studienartikel Hingabe - An wen? Warum? einige fehlerhafte Wiedergaben eingeschlichen. In der nächsten zur Veröffentlichung kommenden Ausgabe des Wachtturms wird eine Berichtigung erscheinen.

Da der betreffende Artikel bereits im Wachtturm-Studium in der Woche vom 15. März 1982 studiert wird, teilen wir Euch die Berichtigungen mit diesem Schreiben mit und bitten Euch, in der nächsten Zusammenkunft nach Erhalt dieses Briefes die Brüder auf diese Berichtigungen aufmerksam zu machen und den Brief am Bekanntmachungsbrett auszuhängen, damit die Brüder sich auf das Studium richtig vorbereiten können.

Bittet außerdem den Wachtturm-Studienleiter, darauf zu achten, daß im Studium die betreffenden Punkte richtig dargelegt werden. Wir bedauern dieses Versehen und hoffen, daß es zu keinen Unklarheiten kommt.

Nehmt bitte folgende Berichtigungen vor:

Seite 7, Frage zu Absatz 5: statt "Wörter 'heiligsprechen' und 'weihen' ein" -
   "Wörter 'weihen' und 'hingeben' ein"
Seite 8 oben, Absatz 5, Zeile 1: statt "Gott hingegebene" - "von Gott ihrer
   Bestimmung hingegebene"
Zeile 4,5: statt "ein geheiligtes oder geweihtes Volk" - "ein von Gott seiner
   Bestimmung geweihtes oder hingegebenes Volk"
Zeile 7,8: statt "Menschen 'heiligsprechen' oder 'weihen'" - "Menschen ihrer
   Bestimmung 'weihen' oder 'hingeben'"
Zeile 11,12,13: statt "nichts heiligsprechen oder für einen heiligen Zweck für
   rein erklären" - "nichts 'weihen', um es für einen heiligen Zweck rein dar-
   zubieten"
Zeile 14,15: statt "Gott weihen oder hingeben" - "Gott hingeben"
Seite 9, Absatz 10, Zeile 4: statt "hingeben oder weihen, um" - "hingeben, um"
Zeile 6: statt "Nation 'weiht'?" - "Nation ihrer Bestimmung 'weiht' oder
   'hingibt'?"

Wir fühlen uns mit Euch im Königreichswerk verbunden und grüßen Euch herzlich.

Eure Brüder

Wachtturm B. & T. Gesellschaft

DEUTSCHER ZWEIG E.V.

Zeugen-Bruder Kurt Wegener* berichtete in einem Brief an die Wachtturm-Gesellschaft davon, wie zwei Verkündiger einen Mann vor dem Selbstmord bewahrten. Sie trafen ihn mit der Bibel unterm Arm auf dem Weg zum Friedhof, wo er sich am Grab seiner Frau umbringen wollte, weil er im Leben ohne sie keinen Sinn mehr sah. Durch das Gespräch mit Jehovas Zeugen gab er sein Vorhaben auf, nach einem halbjährigen Bibelstudium ist er Bruder geworden.

Die »Erfahrung« war dem »Schriftsteller« Tempelton im Schreibbüro der Sekte offenbar nicht farbig genug. So machte er sich ans Werk. Bruder Wegener mußte ein paar Monate später die veränderte Version im »Wachtturm« lesen: Dem Selbstmordkandidaten dichtete man einen vierstündigen ziellosen Waldlauf an, die Belästigung durch böse Geistermächte und das Suchen von Trost in einem Gesangbuch. Nichts davon stand im Brief von Bruder Wegener.

Zweigdiener der deutschen Sektensektion sind Willi Pohl, Egon Peter, Edmund Anstatt, Günther Künz, Werner Rudtke und der Amerikaner Richard Kelsey. Präsident der deutschen Wachtturm-Gesellschaft und stärkster Mann nach Kelsey ist Günther Künz.

Höchste Geheimhaltungsstufe im deutschen Bethel gilt der Abteilung »AC«. Sie ist für die Kontakte in den Osten verantwortlich. Ihr Chef ist Willi Pohl. Kaum ein Bethel-Mitarbeiter weiß etwas von dieser Abteilung, und während sonst über alles geklatscht und getratscht wird, schweigen die redseligen Bethel-Mitarbeiter aus Angst vor etwaigen Folgen über alles, was die »Ostarbeit« betrifft.

Die »AC«-Abteilung betreut die Glaubensbrüder in allen sozialistischen Ländern. Jehovas Zeugen sind dort verboten. Sie müssen mit Literatur versorgt wer-

VOR SELBSTMORD BEWAHRT

Bei unserem diesjährigen Urlaub konnte ich folgende schöne Erfahrung machen, die ich kurz berichten möchte.

Zwei Brüder gingen in ihrem Landgebiet von Haus zu Haus. Da bemerkte plötzlich der eine einen Mann, der, wie sich später herausstellte, eine Bibel in der Hand hatte. Er fragte ihn, wohin er wolle. Darauf bekam er zur Antwort: Ich wohne im Altersheim und will zum Mittagessen. Da entgegnete ihm der Bruder: Da laufen sie ja in eine verkehrte Richtung. Bis sie dort sind ist es zu spät und sie bekommen kein Essen mehr. Ich lade sie ein, bei mir zu Hause zu essen. Nach einigem Zögern willigte er ein und fuhr mit. Dem anderen Bruder welcher dabei war, ging die Sache nicht aus dem Kopf. Er beschloß den Mann am nächsten Tag zu besuchen und lieh sich das Auto von dem Bruder. Als er den Mann antraf, weinte dieser bitterlich und sagte, er müsse ihm etwas beichten. Unser Bruder erklärte ihm, daß er kein Priester sei, aber, daß er ihn trotzdem anhören würde.

Nun sagte der Mann, daß er sich eigentlich am Grab seiner Frau, nachdem er in der Bibel gelesen hätte, das Leben nehmen wolle, weil es für ihn keinen Sinn mehr hätte, seit seine Frau tot sei. Der Bruder begann eine Bibelstudien mit diesem 82jährigen Mann. Er besuchte von Anfang an die Zusammenkünfte und begann mit dem Predigtdienst. Als wir auf Urlaub dort waren, ging er jeden Tag mit mir. Er war schon immer kurz nach 7.00 Uhr morgens bei uns, weil er befürchtete, wir würden ohne ihn fortgehen. Außerdem hatte ich das Vorrecht mit ihm die 80 Fragen zu besprechen. Nun ist er seit dem 8. April 1979 unser Bruder.

Vielleicht noch ein Wort zu der Länge des Bibelstudiums. Es begann am 23. November 1978 und am 8. April 1979 ließ er sich taufen. Also ein knappes halbes Jahr und das mit 82 Jahren.

In einem kleinen Dorf in der Bundesrepublik Deutschland wollten zwei Zeugen Jehovas gerade mit ihrem Predigtdienst aufhören, als ein älterer Mann mit einer Bibel in der Hand an ihnen vorbeiging. Sie bemühten sich, mit ihm über die »gute Botschaft« ins Gespräch zu kommen, aber er antwortete wiederholt: »Ich möchte allein sein.« Doch schließlich nahm er die Einladung des einen Zeugen an, bei ihm zu essen. Am nächsten Tag besuchte der andere Zeuge ihn dort, wo er wohnte — in einem Altersheim —, um mit ihm die Bibel zu besprechen.

Während des Besuches sagte der Mann zu dem Zeugen: »Sie haben mir das Leben gerettet. Gestern war ich auf dem Weg zum Grab meiner Frau. Dort wollte ich mir das Leben nehmen. Bevor ich Sie traf, bin ich vier Stunden lang ziellos im Wald umhergelaufen. Ich suchte Trost in meinem Gesangbuch, aber ich konnte darin keinen finden. Sie kamen gerade zur rechten Zeit, und ich bin Gott dafür sehr dankbar.«

Mit der Zeit stellte sich heraus, daß böse Geistermächte diesen älteren Mann zum Selbstmord veranlassen wollten. Aber durch die neugewonnene Erkenntnis aus der Heiligen Schrift war er in der Lage, sich von diesem Einfluß frei zu machen (Eph. 6:11—18). Er erfuhr auch zu seinem Trost, »daß es eine Auferstehung sowohl der Gerechten als auch der Ungerechten geben wird« (Apg. 24:15). Nach kurzer Zeit gab er sich im Alter von 81 Jahren Jehova Gott hin und symbolisierte dies durch die Wassertaufe. Freundliche Worte und gute Taten zusammen mit »Trost aus den Schriften« hatten diesen älteren Mann vor Selbstmord bewahrt, so daß er jetzt die wunderbare Aussicht auf ewiges Leben hat (Röm. 6:23; 15:4).

den, mit Verhaltensregeln und mit Geld. Zahlen über die Gläubigen im Ostblock werden von der Wachtturm-Gesellschaft nicht veröffentlicht, aber intern spricht man von etwa 35 000 Verkündigern in der DDR und etwa 250 000 in der Sowjetunion. In Sibirien sollen ganze Dörfer und Kleinstädte den Glaubensdogmen der Zeugen Jehovas folgen. Und wie im Nazideutschland scheuen die fanatischen Gläubigen dort weder Gefängnisstrafe noch gesellschaftliche Diskriminierung.

Um die Sektenmitglieder im Ostblock ideologisch bei der Stange zu halten, müßte die Wachtturm-Gesellschaft gewaltige Mengen Literatur illegal über die gefährlichen Grenzen bringen. Eine Aufgabe, deren Lösung auch für selbstlose, gedrillte Zeugen unmöglich scheint. Aber die cleveren Kuriere Willi Pohls haben eine einfachere Lösung gefunden: Ihr Trick heißt Mikrofilm! Auf einem winzigen Stück Zelluloid sind die Ausgaben der Wachtturm-Zeitschriften fotografiert. Erst am Bestimmungsort entsteht aus dem Minifilm die Druckvorlage, von der dann in geheimen Druckereien die verbotene Literatur gedruckt wird.

Wie die Mikrofilme in die hinterletzten Winkel Sibiriens gelangen, ist auch im Bethel unbekannt. Tatsächlich scheint die Versorgung mit Zeugen-Literatur dort aber besser zu klappen als die Versorgung mit Konsumgütern sowjetischer Produktion.

Illegale Aktionen unternimmt die Wachtturm-Gesellschaft nicht nur in sozialistischen Ländern, für die sie in der westlichen Welt Beifall erntet. Goldkuriere der Sekte sind in allen Erdteilen der Welt unterwegs, um unter Umgehung von Einfuhrbestimmungen Kapital zu transferieren. Raymond Franz, Neffe des Sek-

"Podczas opracowywania naszych terenów zborowych daje się coraz częściej słyszeć różne ujemne wypowiedzi względem pasterzy religii. W miejscowości B... został skradziony dzwon z dzwonicy. Był on od dłuższego czasu nieczynny z powodu pęknięcia. Podczas poszukiwania został odnaleziony na innych terenach w składnicy złomu objęty na kara. Ksiądz złom dzwonu odzyskał spowrotem i nałożył na swoich parafian po 300 zł., żeby odlać nowy. Zastrzegł z góry, że jeśli ktoś nie złoży wspomnianej kwoty, to w wypadku śmierci, dzwon nie zadzwoni na jego pogrzebie i nie będzie pochowany na poświęconym miejscu."

<u>Przez cierpliwość i wytrwałość do domowego studium</u>

W pracy od domu do domu pozostawiono Ewangelię pewnej pani w średnim wieku. Odwiedzin ponownych dokonano po dłuższym okresie czasu, gdyż nie można było zastać zainteresowanej w domu. Podczas odwiedzin dało się zauważyć, że jest to osoba dobrej woli. Z jej słów wynikało jasno, że pragnie poznać lepszą religię. W toku rozmowy doszłam do wniosku, że jako katoliczka nie znalazła zadowolenia duchowego, lecz wręcz przeciwnie: wiarę opartą na pieniądzach i nieuczciwości. Przykładem jest następujące zdarzenie:

Jej mąż gościł za granicą. Wyczekując jego powrotu zwróciła się do miejscowego Zakonu Franciszkanów i wręczyła zakonnikowi 50 zł za modlitwy o szczęśliwy powrót męża do kraju. Doznała jednak głębokiego rozczarowania. Po wręczeniu tej sumy ów zakonnik nawet nie zapytał, za kogo mają być odmawiane modlitwy i na jaką intencję, tylko zatrzasnął drzwi. To sprawiło, że owa niewiasta przestała wierzyć w skuteczność takich modlitw.

Właśnie wtedy nadarzyła się okazja wydania jej świadectwa i skierowania umysłu na wybór właściwej religii. Na podstawie Biblii wskazałam jej na religię, za pośrednictwem której można uzyskać życie wieczne w sprawiedliwym nowym świecie. Zdawałoby się, że wszystko ułoży się pomyślnie, jednak umówione odwiedziny nie dochodziły do skutku. Nie można jej było zastać a kiedy ją zastałam była chora albo przyjmowała gości. Tak mijały dnie, tygodnie, a nawet miesiące. Zdawałoby się, że owa niewiasta mogła już zapomnieć o prawdzie. Tymczasem cierpliwość i wytrwałość zostały uwieńczone powodzeniem: po wielokrotnych odwiedzinach zastałam zainteresowaną w domu. Zgodziłam się chętnie na przeprowadzenie rozmowy. Zaczęłam ją potem odwiedzać z drugą siostrą. Dostarczyłyśmy jej Biblię oraz szereg publikacji Towarzystwa. Cieszymy się z jej postępów. Obecnie prowadzimy regularne studium. Zainteresowana próbuje dawać świadectwo swojej rodzinie.

Auszug aus einer sowjetischen Wachturm-Ausgabe (Mikrofilm-Abzug) tenbosses, berichtete nach seinem Ausstieg aus der Sekte von Devisenverbrechen in Indonesien. Dort sollen riesige Summen US-Dollars ins Land geschmuggelt worden sein. In der Leitenden Körperschaft diskutierten die Sektenbosse danach, ob ein derartiges Vorgehen zur Stärkung von Gottes Organisation moralisch vertretbar sei.

Auch modernste Technik führt die Wachtturm-Gesellschaft unter Umgehung von Einfuhrzöllen in Länder ein, in denen sie eine Druckerei modernisiert oder erbaut. Solche Gangstermethoden stehen in krassem Widerspruch zu dem Bild, das die Sekte der Saubermänner ansonsten von sich verbreitet. Betrug gilt in ihren Reihen schließlich als Sünde.

Die Wachtturm-Gesellschaft verfügt über eine finanzielle Kraft, von der in der Bundesrepublik kaum jemand etwas ahnt. Nicht einmal das Finanzamt. Die bei uns als eingetragener Verein operierende Wachtturm-Gesellschaft genießt das Steuerprivileg einer Religionsgemeinschaft und ist »wegen Förderung der Religion als gemeinnützigen Zwecken dienend« von der Körperschaftssteuer befreit. Die macht immerhin stattliche 52 Prozent vom Gewinn aus. Um den steuerlichen Freibrief zu erhalten, genügte dem Wachtturm e. V. die Abgabe eines formlosen Antrags. Dem legte man Gründungsprotokoll, Satzung und Kassenberichte der letzten drei Jahre bei. Anschließend wurde er von nur einer Sachbearbeiterin des Finanzamtes Wiesbaden I geprüft und bewilligt. Während ein Düsseldorfer Gericht der Scientology-Kirche die Eintragung ins Vereinsregister verwehrte und das Hessische Finanzgericht der Moon-Sekte die Gemeinnützigkeit aberkannte, scheffelt der Wachtturm e. V. riesige Summen, steuerlich begünstigt.

Gegen-Darstellungen

Was haben Sie dagegen, daß sie die Versammlungs- und Kongreßräume in Eigenarbeit bauen oder in Selters/Taunus eine Zentrale in Eigenarbeit erstellen und aus der ganzen Bundesrepublik wechselnd Menschen anreisen, um in Freizeit und Urlaub freiwillig und ohne Bezahlung zu arbeiten? Täten das die übrigen Menschen für die Allgemeinheit, gäbe es in der Welt weniger Probleme, Schulden, Streiks usw.

H.-J. F., Nindorf

Auch in Selters entsteht wieder ein neues Zweigbüro, und Tausende freiwilliger Helfer, meistens junge Brüder, sind daran beteiligt. Wenn die Christenheit bei ihren pompösen Bauten soviel freiwillige Menschen hätte, dann brauchten sie nicht an den Türen zu sammeln, und die Jugend gammelte nicht umher.

E. H., Bad Oeynhausen

Mein neues Leben

Anderthalb Jahre nach dem ersten Besuch der beiden Verkündigerinnen bat ich die Aufseher um Einverständnis für meine Taufe. Die waren hocherfreut. Dabei ging es ihnen nicht nur um mein Seelenheil, sondern auch um eine Erfolgsmeldung gegenüber dem Kreisdiener. Denn mit jedem hinzugewonnenen Verkündiger steigt ihr Ansehen in der Organisation. Außerdem hebt ein neuer Verkündiger die Verkaufszahlen von Zeitschriften und Büchern in der Versammlung, und es steigt durch ihn die Zahl der Predigtdienststunden. Ängstlich erkundigten sich die Aufseher deshalb: »Sie bleiben uns doch eine Weile erhalten und ziehen in nächster Zeit nicht etwa aus unserem Gebiet weg, oder?«

Taufanwärter müssen der »theokratischen Ordnung« entsprechend eine Prüfung ablegen. Drei Aufsehern hat man 88 Glaubensfragen zu beantworten. Die Fragen stehen im »Organisationsbuch«. Dieses Buch erhalten Interessierte erst, wenn sie entschlossen sind, sich taufen zu lassen. Es enthält die Richtlinien der Theokratie, die organisatorischen Grundsätze der Herrschaft durch den »treuen und verständigen Sklaven«. Als mir Else Quast das Buch verkaufte, schärfte sie mir ein, darin »ordentlich zu büffeln«, denn es sei schon vorgekommen, daß Aufseher einen »Interessierten« für nicht »reif genug im Sinne des Herrn« erklärten und die Taufe ablehnten.

Die Brüder Wohlert*, Wiechert* und Demuth kamen jeweils zweimal für anderthalb Stunden in meine Wohnung. Alles, was meine wirkliche Identität verraten würde, ließ ich vorher verschwinden: Zeitungen, Bücher, Schallplatten, sogar Bilder nahm ich von der Wand. Mit geübtem Blick suchte ich nach allem, was bei Zeugen den Verdacht aufkommen lassen könnte, ich meinte es mit der »Wahrheit« nicht ernst. Schon ein vergessenes »konkret«-Heft auf der Toilette paßt nicht ins Bild von einem Zeugen Jehovas und hätte mich in Schwierigkeiten gebracht. Derartige »Aufräumaktionen« fanden jedesmal statt, wenn ich Besuch von »Brüdern und Schwestern« erwartete. Allmählich wurde das Wegräumen »belastender Indizien« zu einer regelrechten Macke. Meine Freunde machten sich schon darüber lustig. Nachdem ich aber einige unangekündigte Besuche von Schwester Quast erhielt, war ich froh über mein tägliches Versteckspiel.

Trotz einiger Vorbereitung war mein Wissen über die krausen Bibelinterpretationen der Zeugen Jehovas nicht gerade berühmt. Und die 46 Buchseiten des Prüfungskapitels im »Organisationsbuch« konnte ich unmöglich auswendig lernen. Nicht einmal mit logischem Denken war etwas auszurichten. Wer käme mit Logik allein bei der Frage »Mit welchem Recht ist Jehova der Souverän des Universums?« schon auf die Antwort: »Weil er den Himmel und die Erde und das Meer und alles, was darin ist, gemacht hat.«

Trotzdem ging es gut. Ich schlug sie mit ihren eigenen Waffen. Nach anderthalb Jahren stereotypem

127

Frage- und Antwortspiel in Bibelrunden war mir das Vokabular so geläufig, daß ich mich mit vieldeutigen Worthülsen durch die Prüfung mogeln konnte. Und wurde es wirklich einmal brenzlig, appellierte ich an ihre Geltungssucht. Ich fragte nach persönlichen Erfahrungen, und sie erzählten dann salbungsvoll von ihren Erlebnissen in der »Wahrheit«. Die Zeit verging und fehlte anschließend für die Fragen.

Einmal war das sogar komisch, als mir Bruder Demuth erzählte, wie er im Urlaub aus einem französischen Königreichssaal kam und ihm der Schreck in die Glieder fuhr. »Harmagedon« stand in großen Buchstaben am Himmel. Jetzt ist es soweit, dachten alle, das sind die Zeichen aus »Matthäus«, nach denen Gottes Gerichtstag kommen soll. Demuth und seine französischen Glaubensbrüder waren erregt. Sie erlebten ein Wechselbad der Gefühle, zwischen Panik und freudiger Erwartung. Bald kam die Ernüchterung. Es war nicht Jehova, der mit dem Schriftzug das Signal zur großen Abrechnung gab, sondern ein sogenannter »Himmelsschreiber«, der für die Premiere der Buchverfilmung von Leon Uris »Entscheidung in Berlin« den Filmtitel »Harmagedon« an den Himmel malte.

»Sie müssen die Zeitschriften auseinanderfächern, damit man die Titel lesen kann.« Mit diesen Worten drückte mir Schwester Quast »Wachtturm« und »Erwachet!« in die Hand. Nach bestandener Taufprüfung mußte ich in den Predigtdienst.

Wir standen zu viert auf einer Fußgängerbrücke, auf jeder Seite zwei. Ich beobachtete, wie sich die anderen aufstellten: gerade Haltung, freundliches Gesicht, »Wachtturm« und »Erwachet!« vor die Brust gehalten.

Erzählt der Heimgesuchte
dem Zeugen Jehovas an der
Tür Einzelheiten aus dem
eigenen Leben . . .

... dann werden sie nach
dem Gespräch in den
Haus-zu-Haus-Notizen
festgehalten

Auch im Familienkreis werden die »Wachtturm«-Hefte gepaukt. Wie Schulkinder melden sich die Teilnehmer,

Für Verkündiger gibt es selten Ruhe. Rund um die Uhr haben sie unermüdlich das »Königreich« zu predigen

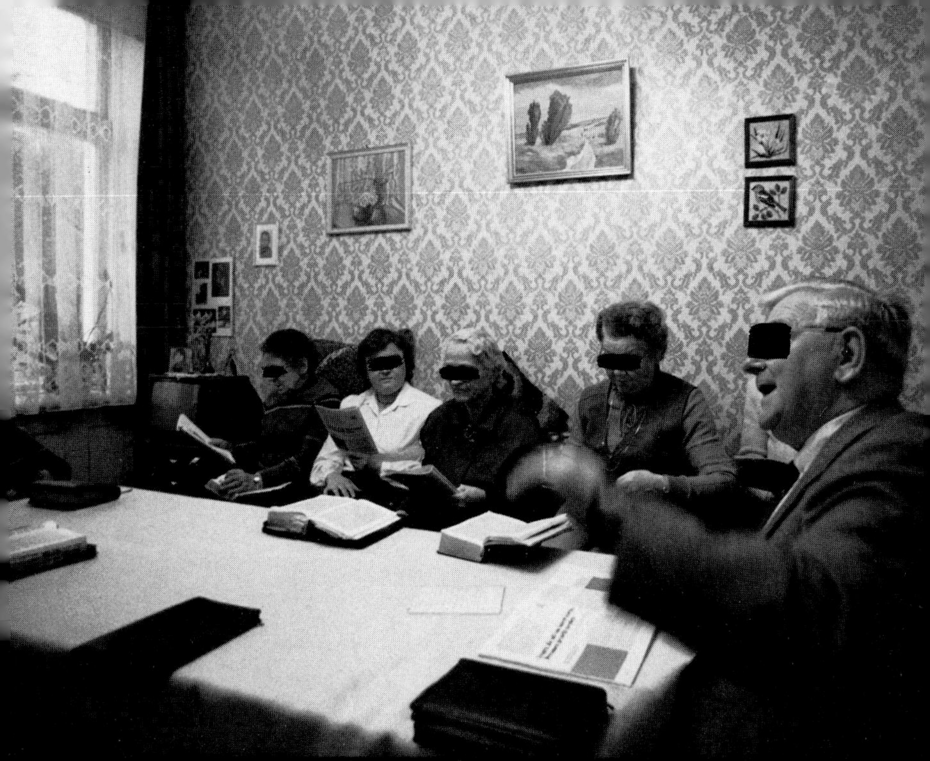

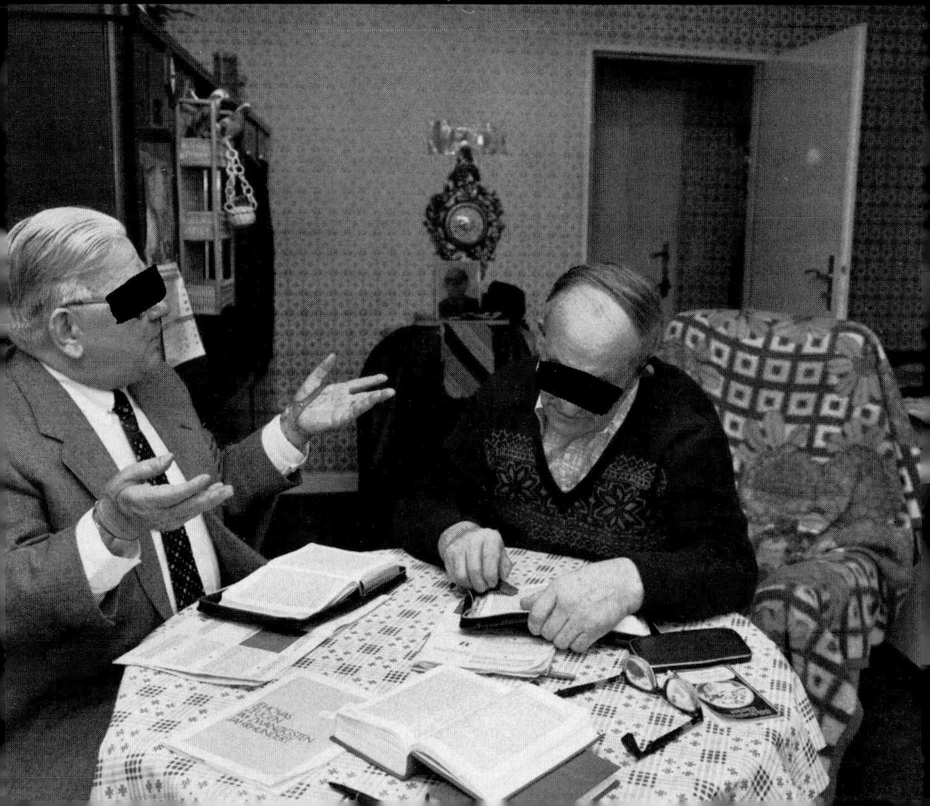

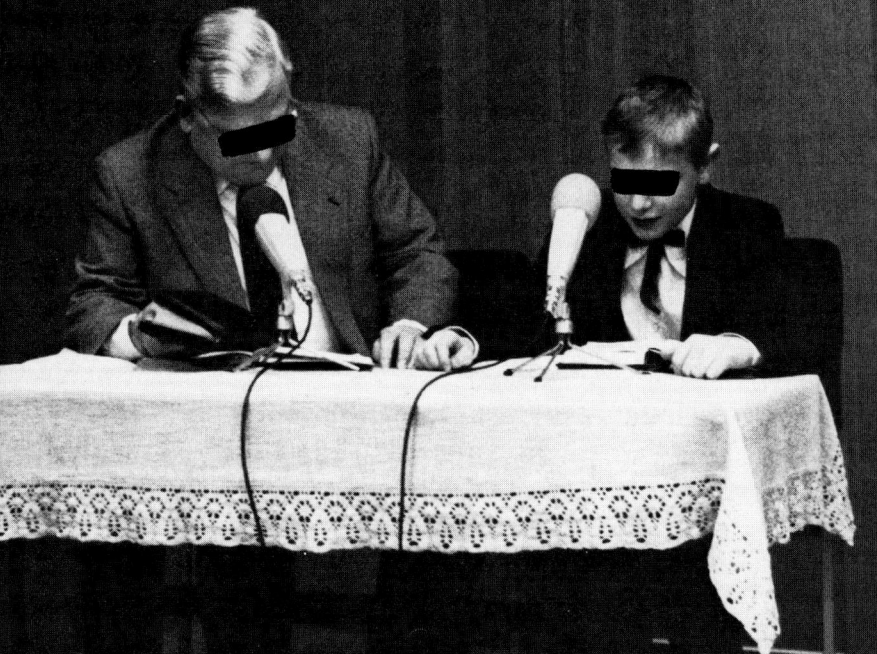

Zeugen-Kinder betrügt man um ihre Kindheit: Sie werden schon in jungen Jahren von der Sekte eingespannt

Bruder Stein*, Rentner und schon lange in der »Wahrheit«, hatte die Zeitschriften sogar in einer Klapphülle aus Klarsichtfolie stecken. »Das sieht dann immer ordentlich und sauber aus.« Die Hülle hat er sich bei der Firma Richard Krispens (»Fabrikation von Leder und Plastikwaren«) für 7,80 Mark gekauft. Der Betrieb des Zeugen Krispens treibt einen schwungvollen Handel mit Bibelhüllen, Taschen »für den Schulaufseher«, einem biblischen Frage- und Antwortspiel, der »Königreichsmappe« und anderen Utensilien, die ein Zeuge Jehovas so braucht. Jahresumsatz des geschäftstüchtigen Religionsbetreibers: über eine Million Mark.

Frau Quast sah auf die Uhr: »Merken Sie sich immer vorher und nachher die Zeit, damit Sie genau Bericht geben können.« Und mit erhobenem Zeigefinger fügte sie hinzu: »Aber nicht mogeln, Jehova merkt alles!«

Die Passanten strömten zwischen uns hindurch. Viele grinsten, als sie unsere Formation mit den »Wachttürmen« erblickten, sahen mich mit diesem »Ach-dieser-arme-Irre-Blick« an. Herausgeputzt stand ich da, in Bügelfaltenhose, Sakko, weißem Hemd und Krawatte. Mehr noch als die ungewöhnliche Kleidung machte mir die Situation zu schaffen. Ich fühlte mich wie ein lebender Zeitungsständer, Schauobjekt mildlächelnder Ungläubiger. Mir wurde abwechselnd heiß und kalt. Nachdem ich Jehova innerlich anflehte, er möge ja keine bekannte Person vorbeikommen lassen, studierte ich die Gesichter der Vorbeiziehenden: Da waren die Unsicheren. Zehn Meter von uns entfernt sahen sie bereits zu Boden, um nur ja keinem Blick zu begegnen. Dann die Progressiven. Aus frechem, dreistem Gesicht starrten sie unverfroren in meine unsicheren Augen, als wollten sie sagen: »Oh, Typ, auf was für'm Trip bist du denn?!« Und da waren die »Beschäftigten«. Kamen sie in die Nähe unserer Gruppe, dann fingen sie plötzlich an, irgend etwas zu tun: Sie schnäuzten sich die Nase, zogen ihren Gürtel enger, blätterten in einer Zeitung oder holten etwas aus der Aktentasche. Waren sie an uns vorbei, ließ die Geschäftigkeit genauso schnell nach, wie sie begonnen hatte.

Eine Stunde lang standen wir so da, fast unbeweglich. Mir kam es vor, als wären es drei Stunden gewesen. Niemand sprach uns an oder war interessiert. »Das war ja nicht sehr erfolgreich«, sagte ich enttäuscht. Bruder Stein tröstete mich: »Waren eben nur Böcke heute.«

Auf dem Bezirkskongreß 1983 der Zeugen Jehovas wurde ich getauft. In der Holstenhalle in Neumünster, wo vor 1945 Flugzeugmonteure Triebwerke für den herbeigesehnten »Endsieg« bauten, predigten die Aufseher der Sekte vier Tage lang ihre Botschaft von der herbeigesehnten »Endzeit«. Schon vorher hatte uns ein älterer Aufseher Verhaltensregeln für diesen Kongreß eingebleut: »Es gibt einige Schwestern, die verzichten im Sommer auf Teile ihrer Unterwäsche. Ich weiß nicht, was sie damit bezwecken. Ob sie die Brüder damit in Verlegenheit bringen oder Unverheiratete animieren wollen. Keusch ist das nicht! Auch sollten alle Schwestern darauf verzichten, durchsichtige Blusen zu tragen oder Röcke mit langem Schlitz!«

Am dritten Tag hielt ein Ältester die Taufansprache. Schwester Quast saß neben mir. Stolz blickte sie in die Runde, sich der Bedeutung ihres erfolgreichen »Fischfangs« bewußt. Ich war viel zu nervös, um

dem Redner genau zuzuhören. Anschließend stellte
er uns 26 Täuflingen die entscheidende Frage: »Hast
du deine Sünden bereut, und bist du umgekehrt, da
du erkannt hast, daß du vor Jehova als ein verurteilter
Sünder dastehst, der der Rettung bedarf? Und hast
du vor ihm erkannt, daß diese Rettung von ihm
durch seinen Sohn Jesus Christus kommt, dann ant-
worte bitte mit ›Ja‹.«
Ich rief »Ja« wie alle anderen. Laut und deutlich, damit man meiner Stimme nicht die Lüge anhören
konnte, aber es wirkte im Chor der überzeugten Ja-
Rufe wie ein Bekenntnis. Anschließend sangen alle
in der Halle: »Welch Erkenntnis, Reichtum, Weisheit,
sind zu finden bei dem Herrn!«, und wir Täuflinge
zogen unter dem Beifall der Kongreßteilnehmer samt
Anhang aus dem Saal zum Bus.
Im Kongreßsaal Trappenkamp stand bereits ein Aufseher in Turnhose und Unterhemd bis zum Bauch-
nabel im lauwarmen Wasser des Taufbeckens. Um
das neun Quadratmeter große Becken drängten sich
Angehörige und Freunde der Täuflinge. Alle wollten
den »wichtigsten Augenblick im Leben eines Zeugen
Jehovas« miterleben. Unter den Zuschauern war
auch Manfred, der Fotograf des »stern«. Er hatte sich
offiziell als Zeitungsfotograf vorgestellt, der den Kongreß fotografieren wolle. Die Aufseher fühlten sich
geschmeichelt. Bevor Manfred die Taufe fotogra-
fierte, bei der er mich wie alle anderen um Erlaubnis
bat, war er schon mit einem Zeugen in den Predigtdienst von Haus zu Haus gegangen. Dabei war er ausgerechnet an Aufseher Demuth geraten. Der meinte
ahnungslos zu mir: »Da ist so ein Fotograf aus der
Welt, der will mit uns in den Predigtdienst. Für den
machen wir mal 'n bißchen auf Show!«

Die Taufprozedur dauert etwa dreißig Sekunden. Es ist eine Ganzkörpertaufe, zu der die Täuflinge — Frauen und Männer säuberlich getrennt — in Badeanzug und Badehose antreten. Schließlich kam ich an die Reihe. Mit der rechten Hand mußte ich mein linkes Handgelenk umfassen, mit der linken Hand hielt ich mir die Nase zu. »Bleib ganz ruhig«, sagte der Täufer, drückte mich langsam unter Wasser, und beim Auftauchen hörte ich: ». . . ein neuer Mensch, von allem Unreinen aus dem weltlichen Dasein befreit.«

Symbolisch sollte für mich ein neues Leben beginnen. Für Else Quast, die alte Schwester, begann es mit einem Schock: Die Aufseher unterbanden mein Studium mit ihr. Sie ließen durchblicken, daß wir nicht genug Fortschritte machten. Bruder Demuth sollte es mit mir fortsetzen. Er hielt mich auch gleich an, doch samstags zum »Treffpunkt« in den Königreichssaal zu kommen, von wo aus man nach gemeinsamer Diskussion eines Bibeltextes in den Predigtdienst von Haus zu Haus ziehen wollte. Die alte Zeugin fühlte genau, daß man sie an die Seite drängte: »Zwei Jahre lang hab' ich mit dir studiert, warum bin ich nun auf einmal nicht mehr gut genug?«

Auf meiner ersten Tour von Tür zu Tür begleitete mich Schwester Demuth*, die Frau des Aufsehers. Sie hat feuerrotes Haar und ist Mitte Vierzig. Schwester Demuth war in unserer Versammlung die Wortführerin in der Clique der Aufseher-Ehepaare und wegen ihres großen Mundwerks gefürchtet. Mit ihr legte sich niemand an, zumal ihr Mann der schärfste Aufseher unserer Versammlung war.

Die meisten Türen blieben verschlossen. Einige Male

hörte ich leise Geräusche dahinter und fühlte mich
beobachtet. Ich nahm es den Leuten nicht übel, daß
sie nicht öffneten. Andere knallten uns die Tür vor
der Nase zu, nachdem Schwester Demuth ihren einstudierten Spruch heruntergeleiert hatte. Einzigen Erfolg an diesem Tag hatten wir bei Herrn Kowalski*.
Während Schwester Demuth ihren Spruch aufsagte
(»Wir kommen im Auftrag der Neue-Welt-Gesellschaft und bringen Ihnen die frohe Botschaft«),
steckte eine Katze ihren Kopf durch den schmalen
Türspalt. Schwester Erika nutzte sofort die Gelegenheit. »Eine ›Karthäuser‹?« lenkte sie das Gespräch
auf die Katze. »Nein, eine ›Preußischblaue‹«, antwortete Kowalski. Ein paar Minuten waren Rassen,
Größen, Launen und Freßgewohnheiten von Katzen
das Gesprächsthema. Der Exkurs ins Katzenthema
hatte nicht das gewünschte Ergebnis: Kowalski
wurde nicht lockerer, er stand noch immer ver-
krampft, mißtrauisch und unsicher in der Tür, ohne
uns hereinzubitten.
Während Schwester Demuth Kowalski bearbeitete,
hielt ich mich, in Anzug und Krawatte, mit beiden
Händen an der Aktentasche fest und sah den armen
Herrn Kowalski mitleidig an. Ich fühlte mich nicht
wohl in meiner Haut. Was würde passieren, wenn auf
unserer Klingeltour plötzlich jemand öffnet, der
mich aus meinem »weltlichen Dasein« kennt und
sagt: »Was soll denn das Theater, Rolf? Spinnst du?«
Für den Fall hatte ich zwar einige Antworten parat,
aber der Gedanke daran trieb mir den Schweiß aus
den Poren.
Das Klimpern von Silbergeld riß mich aus meinen
Angstträumen. Der rothaarigen Verkündigerin war es
doch gelungen, Herrn Kowalski ein »Paradiesbuch«

für acht Mark aufzuschwatzen. Vorher hatte sie geschickt herausgehorcht, daß Frau Kowalski im Krankenhaus ein Kind erwartet. Das Thema brach sehr schnell das Eis, und Herr Kowalski wurde zugänglich. In der Stimmung froher Erwartung hätte der werdende Vater vermutlich alles gekauft, was man ihm an der Tür anbietet.

»Da müssen wir demnächst einen Rückbesuch machen«, triumphierte Schwester Demuth anschließend und schrieb »WV« auf den Notizzettel: »Wieder vorsprechen«. Außerdem machte sie sich eine Notiz über die Geburt des Kindes. »Dann habe ich beim nächsten Besuch einen guten Einstieg für das Gespräch!« Wie alle Zeugen Jehovas hat auch Erika Demuth den Bezug zur Realität längst verloren. Sie erkannte nicht, daß Herr Kowalski das Buch auch deshalb kaufte, um uns möglichst schnell loszuwerden. Vermutlich sah sie ihn in Gedanken schon im Heer der Zeugen Jehovas mitmarschieren.

Daß wir in zwei Stunden nur ein Buch verkauften, ist für die Wachtturm-Gesellschaft nicht entscheidend, denn jeder Verkündiger muß seine Bücher und Zeitschriften sofort bei Erhalt bezahlen. Und wehe, ein Verkündiger will sein übliches Kontingent verringern, dann gibt es erst dezente, schließlich auch massive Ermahnungen von den Aufsehern: »Du nimmst die Sache Jehovas nicht mehr ernst genug!«

Wo derartiger Druck allein keine Abnahme der Millionenauflage garantiert, geht die Wachtturm-Gesellschaft drastischer vor: »Wie in unserem Königreichsdienst erwähnt wurde, werden den Versammlungen 8,-- DM pro 800 Stück berechnet. Daher sollten diese Traktate nur in Stückzahlen, die durch 800 teilbar sind, bestellt werden.«

Die Rückgabe unverkaufter Bücher, Zeitschriften und Traktate ist den Verkündigern nicht möglich. Derart abgesichert, kann die Wachtturm-Gesellschaft ihre Mammutauflagen ohne jegliches verlegerisches Risiko drucken.

Gegen-Darstellungen

Der Mann, der Ihnen den Stoff für dieses Thema lieferte, schreibt unter anderem, daß er sich mit vieldeutigen Worthülsen durch die Prüfung mogelte.
Wenn sich jemand durch Prüfungen mogelt und Gott und die Menschen täuschen will, dann ist diese Person nicht vertrauenswürdig. Um das Wort Gottes zu verstehen, muß man Liebe zur Wahrheit haben; wenn aber jemand zur Unwahrheit greift (mogelt), dann hat er die reine Wahrheit des Wortes Gottes nicht im geringsten begriffen.

V. U., Neumünster

Schon die Tatsache, daß sich ein Mensch pro forma zur Taufe stellt, kommt einer Lästerung Gottes gleich.

E. A., Bad Harzburg

Ein Zeuge Jehovas ist nicht verpflichtet, eine bestimmte Menge an Literatur zu kaufen. Diese Behauptung ist unwahr. Jeder bestimmt selbst, aufgrund seiner persönlichen Erfahrung, was er im voraus kauft, um es weitergeben zu können.

H. B., Frankfurt

144

Im Hauptquartier in Brooklyn

Was für Mohammedaner die Pilgerfahrt nach Mekka, ist für Jehovas Zeugen die Reise nach New York ins Brooklyner Bethel, dem Welthauptquartier der Sekte. Schon von weitem erkennt man das helle Gebäude mit der grellen Neonschrift »Watchtower«. Am Ufer des East River besitzt die Watchtower Society elf Fabrik-, Büro- und Wohngebäude.

Die Machtzentrale in Brooklyn Heights ist Sitz der Leitenden Körperschaft der Watchtower Society. Hier fällt der Altherren-Clan um den 91jährigen Fred Franz alle Entscheidungen über das Schicksal der Zeugen-Gemeinde, und dort sollen auch die riesigen Mengen Gold aufbewahrt sein, die der religiöse Verlagsgigant in Jahrzehnten erwirtschaftet hat — unter dem Dach des Gebäudes mit dem Zinnenturm, in den Räumen der Sektenbank »Watchtower Treasures«.

Die Leitende Körperschaft der Watchtower Society hat die Zahl ihrer Mitglieder im Laufe der letzten Jahre drastisch verringert. Waren es 1973 noch siebzig Brüder, reduzierte man den Kreis inzwischen auf 16 Personen.

2000 Sektenmitglieder leben im Brooklyner Bethel. »Brüder und Schwestern« aus vielen Ländern, vor allem englischsprachigen. Die meisten sind zwischen

17 und 35, »bei guter Gesundheit« und kinderlos. Kinder sind in der Sektenzentrale nicht erwünscht. Sie stören den reibungslosen Produktionsablauf. Die Bethel-Diener müssen sich in der Weltzentrale für vier Jahre verpflichten. Raymond Franz, ehemaliger Spitzenfunktionär der Sekte: »Während der Mahlzeiten fragte ich oft die Person neben mir: ›Wie lange bist du schon hier?‹ Ich hörte niemals von einem dieser Männer eine Antwort, die sich in runden Zahlen ausdrückte. Die Antworten waren: ein Jahr und sieben Monate, zwei Jahre und fünf Monate, drei Jahre und einen Monat usw., immer exakte Jahres- und Monatsangaben. Ich mußte daran denken, daß solche Zeitangaben Männern entsprachen, die Gefängnisstrafen abzusitzen haben.«

Bei jungen Bethel-Dienern stellt sich nach anfänglicher Begeisterung für das Leben in Brooklyn oft der große Frust ein. »Viele fühlen sich wie ein Rädchen in einer Maschine«, berichtet Franz, »nur als Arbeiter und nicht als Person.« Zusätzlich zur 47stündigen Arbeitswoche müssen sie dreimal wöchentlich in die Versammlung und außerdem in den Predigtdienst. Das Vernachlässigen einer dieser Tätigkeiten führt dazu, daß der Betreffende in die »B.A.«-Klasse eingestuft wird: B.A.= bad attitude = schlechtes Verhalten. Wird man als »B.A.« gezeichnet, ist man noch schlimmer dran. Man muß eine zusätzliche Versammlung besuchen und wird von allen mißtrauisch beobachtet.

In der großen Empfangshalle mußte ich warten. Ein gewaltiger Globus stand dort, fast drei Meter im Durchmesser, Symbol für die weltweite Verbreitung der Zeugen Jehovas. »Den haben wir einer Bank abgekauft«, sagte plötzlich hinter mir jemand auf

deutsch. Ich drehte mich um. »Ich bin Pat Smith*
und soll dich durch das Gebäude führen.« Pat war
Ende Dreißig. Sie arbeitete in der Buchhaltung des
Bethel. Pat besaß die oberfläche Freundlichkeit der
Amerikaner, gepaart mit der einstudierten Verbind-
lichkeit der Zeugen Jehovas, eine Verbindung, die
mir schon nach wenigen Minuten unerträglich
schien.

Sie fragte mich, wie lange ich schon »in der Wahrheit« sei. »Erst zwei Monate«, antwortete ich. »Und«,
fragte sie mit juchzendem, fast überschlagendem
Ton, der mich an die hysterischen Cheerleader-Girls
in Football-Stadien erinnerte, »ist es für dich nicht
wie ein neues Leben?!«

Treppauf, treppab liefen wir durch das Haupt-
gebäude. Anhand eines Laufzettels und einer gelben
Leitlinie auf dem Boden führte sie mich durch Arzt-
praxis, Polsterei, Tischlerei, Buchhandlung, in das
Fotostudio, wo die Vorlagen für die »Wachtturm«-
Illustrationen entstehen, und in das Kassettenstudio,
wo die Gesellschaft jedes Jahr etwa 3,5 Millionen
Kassetten mit religiösen Liedern und Texten produziert.

Alle Bethel-Diener werden von eigenen Farmen au-
tark versorgt, wohnen in billig ersteigerten Ge-
brauchtmöbeln, die in eigenen Werkstätten aufgear-
beitet werden, und tragen gebrauchte Kleidung, die
in der eigenen Schneiderei geändert wird.

Der ganze Betrieb dreht sich um die Großdruckerei.
Durch die führte mich Bruder Frederic. Er lebt seit
vier Jahren im Bethel und stellt dort Druckfarben für
die Rotationsmaschinen her, neunzig Tonnen jährlich. Dazu kommen noch 330 Tonnen Leim und Klei-
ster für die Buchbinderei. Druckfarben und Kleb-

147

stoffe sind teuer, und deshalb produziert die Gesellschaft sie selbst. »Wir sparen dadurch ein Vermögen«, sagte Frederic stolz. Anschließend zeigte er
mir die computergesteuerte Drehbank, auf der selbst
Ersatzteile für die Druckmaschinen im Do-it-
yourself-Verfahren hergestellt werden. Allmählich
begriff ich, wie die enormen Gewinne der Wachtturm-Gesellschaft entstehen. Frederic erhält wie alle
anderen 65 Dollar Taschengeld im Monat. Ein Almo-
sen im Vergleich zu den Löhnen, die Druckereifach-
arbeiter sonst in den USA verdienen. Davon muß er
noch Bus- oder Subway-Fahrkarten für die Fahrt ins
Dienstgebiet bezahlen und die Fahrtkosten für Fami-
lienbesuche. Für ihn wird nur Krankenversicherung
gezahlt, um die Altersversorgung ihrer hart arbeitenden Brüder und Schwestern kümmert sich die
Watchtower Society nicht. Harmagedon naht ja bald,
wer denkt da schon an Rente.
Der Faktor Arbeitskraft zählt in der Kostenrechnung
der Sekte wenig. Zu welchen Leistungen sie dadurch
fähig ist, erklärte mir Frederic am Beispiel der com-
putergesteuerten Satzanlage. Da die Wachtturm-Gesellschaft die weitverbreitetste Religionsgemeinschaft der Welt ist, benötigt sie vielsprachige Literatur. Schon jetzt erscheint der »Wachtturm« in 102
Sprachen. Dafür brauchte man in Brooklyn eine
MEPS-Anlage (Multi-language Electronic Phototype-
setting Systems), die in 250 Sprachen setzen kann.
Der weltgrößte Spezialist auf diesem Gebiet, IBM,
mußte passen. So etwas gab es weder im Vatikan
noch in Moskau, wo Bibel und Karl-Marx-Ausgaben
in viele Sprachen übersetzt werden. Also ging man in
Brooklyn daran, ein eigenes Computerprogramm für
vielsprachigen Satz zu entwickeln. »Anschließend«,

sagte Frederic mit sichtlicher Befriedigung, »haben wir das Programm für viel Geld an IBM verkauft.« Heute schreiben die Sektensetzer den »Wachtturm« sogar in Hindi, Marathi und Nepali mit elektronischen Satzmaschinen.

In Walkill liegt die »Watchtower Farm«. Auch sie ist Anziehungspunkt für Sektenmitglieder aus aller Welt. Samstag und Sonntag sind Besuchstage.

Ich verpaßte um eine halbe Stunde die letzte offizielle Führung. John Watson*, ehemaliger Fernfahrer und seit acht Jahren Einkäufer auf der Farm, half mir aus der Klemme. Nach der Besichtigung chauffierte mich John noch ein wenig durch die Gegend. Meilenweit fuhren wir an dem schwarzen Holzzaun der Wachtturm-Farm entlang. Sie umfaßt 688 Hektar, ist fast viermal so groß wie das Fürstentum Monaco. Wer in dieser Gegend sein Land mit einem Holzzaun einrahmt, gilt als reich. Außer Jehovas Zeugen leistet sich diesen Luxus nur noch der Besitzer eines Rennpferdegestüts.

Auch zur Farm gehört eine große Druckerei mit 18 Rotationspressen. Für die hier beschäftigten 600 Mitglieder der Bethel-Familie beginnt der Arbeitsalltag mit einer »erbaulichen« Bibeldiskussion. Nach dem gemeinsamen Frühstück geht's in die Druckerei, aufs Feld und in die Ställe. Monatsproduktion: 35 Rinder, 60 Schweine, 5000 Hähne, 85 000 Eier, 85 000 Liter Milch. In der eigenen Molkerei werden Käse, Joghurt, Quark und Butter hergestellt. Mit tausend Mastrindern ist die Herde eine der größten im Staat New York. Neben der Farm in Walkill besitzt die Wachtturm-Gesellschaft noch die 234 Hektar große »Kingdom Farm« und eine 68 Hektar große Farm in Port Murray. Der Ankauf einer Plantage für Zitrusfrüchte ist geplant.

Bruder Jackson — Superstar

Michael Jackson, erfolgreichster Popmusiker aller Zeiten, ein Zeuge Jehovas? Als ich das erste Mal davon hörte, glaubte ich an einen werbewirksamen Gag. Ich traute dem Management dieses Paradiesvogels durchaus zu, der Exotik des 25jährigen Popstars, den »DER SPIEGEL« in geübtem Superlativ als »Millionen-Traumfigur« und »Phänomen« darstellt, noch die ungewöhnliche Mitgliedschaft in einer zwar als skurril, aber doch harmlos geltenden Sekte »hinzuzufügen«. Zu vieles in seinem Verhalten schien dem Wahrheitsgehalt dieser Meldung zu widersprechen: sein Horrorvideo »Thriller«, die sexuell stimulierende Tänzerei, überhaupt sein ganzes Gebaren auf der Bühne. Und daß er sich für Millionen Fans zu einem Idol macht, wo Jehovas Zeugen jede Art der Menschenverehrung ablehnen, müßte der Sektenführung doch die Haare zu Berge stehen lassen.

Auch in unserer Versammlung glaubte wegen seiner »ausschweifenden Tanzdarbietungen« keiner an seine Mitgliedschaft bei Jehovas Zeugen. »Alles Quatsch«, sagte ein Aufseher, den ich darauf ansprach, »das ist die Propaganda aus der Welt, die wollen uns jetzt so einen sündigen Popstar anhängen!«

Ich hatte zwar schon davon gehört, daß der bundesdeutsche Schmalzgitarrist Ricky King ein Zeuge Jehovas sei, aber bei dem beschränkte sich das widersprüchliche Verhalten darauf, daß er bei CBS eine Platte mit Weihnachtsliedern aufnahm. Weihnachten ist nach Meinung der Wachtturm-Gesellschaft ein heidnisches Fest. Kein Zeuge Jehovas feiert es, keiner singt Weihnachtslieder, denn das sind ja heidnische Lieder. Aber Zeugen-Star Ricky King, von dem der ehemalige deutsche Zweigdiener Konrad Franke voller Stolz in der Sektenzentrale herumprahlte, er habe ihm auf Hawaii anläßlich seiner goldenen Hochzeit im Hotel ein privates Konzert gegeben, darf für schnöden Mammon eine Platte mit »Heidenliedern« bespielen.

Bei Michael Jackson war unsere Versammlung im Irrtum. Jackson ist tatsächlich ein getaufter Zeuge Jehovas. Nur bewiesen die Sektenbosse, die bei Abweichlern ansonsten nicht lange fackeln, gegenüber dem millionenschweren Superstar außergewöhnlichen Langmut. Eine zweistellige Millionen-Dollar-Spende des Sängers hielt sie dabei in Laune. Michael Jackson tat die großzügige Geldspende nicht weh. Schließlich machte er 1983 mit seinem Gesang 800 Millionen Mark Umsatz, wovon 130 Millionen seinem Bankkonto gutgeschrieben wurden — minus der Spende an die Watchtower Society wohlgemerkt.

Verdorben wurde den Sektengewaltigen die Laune erst, als immer mehr Nachwuchszeugen in Michael Jackson den neuen Messias sahen, über den Daniel 12, Vers 1, sagt: »Und während jener Zeit wird Michael auferstehen, der große Fürst. . . «

Das war ein Affront gegen die Dogmen des »Göttlichen Kanals«. Sie mußten fürchten, daß sich Jackson allmählich vom Popstar zum »Jesus Christ, Su-

perstar« mauserte. Schon begannen erste jugendliche Religionsanhänger, ihr Idol in Kleidung und
Aussehen zu kopieren. Den Mannen um Sekten-
präsident Fred Franz wurde der Rummel mit Michael
Jackson zuviel, sie pfiffen ihr populärstes Mitglied
zurück.

Jackson, der sich in dem Video-Film »Thriller« zuerst
in ein Werwolf-Monster, anschließend gar in ein
Zombie-Scheusal verwandelte, mußte sich von dem
Horror-Kabinett-Stück distanzieren. Zwar stellte
Jackson dem Film eine Bemerkung voran (»Aufgrund meiner starken persönlichen Überzeugung
möchte ich betonen, daß dieser Film in keiner Weise
einen Glauben an das Okkulte billigt«), aber der Leitenden Körperschaft der Wachtturm-Gesellschaft
war diese Richtigstellung nicht deutlich genug.
»Dennoch«, resümierten sie im »Erwachet!« vom 22.
Mai 1984, »war es so realistisch, daß einige zuerst
entsetzt waren.« Und sie ließen den Jungstar im selben »Erwachet!« Reue äußern: »Ich würde so etwas
nie wieder tun!«

Zeugen-Bruder Jackson, der mit Hilfe des Holly-
wood-Regisseurs John Landis das bislang meistverkaufte Video-Clip inszenierte (800 000 Tapes), wollte
laut »Erwachet!« nur »einen guten, spaßigen Kurz-
film machen«, ein Gruselstück hätte er nicht beab-
sichtigt. Will man »Erwachet!« und Michael Jackson
glauben, dann hat der Superstar eingesehen, daß der
Video-Film »Thriller« »keine gute Idee war«, und
seinen Managern sogar jede weitere Verbreitung des
Films verboten: »Kein ›Thriller‹ mehr.«

Abgesehen von seinem exzessiven Tanzstil und der
gelegentlichen Verwandlung in Werwolf und Zombie, ist Michael Jackson ein Jüngling, den sich Zeu-

gen-Mütter als Schwiegersohn, Zeugen-Aufseher als Pionier wünschen: ordentlich, adrett, keusch, Vegetarier, Nichtraucher, Antialkoholiker. Ein Zeuge Jehovas wie aus dem Bilderbuch. Nach einer kosmetischen Operation, bei der er seine negroide Nase »verschönern« ließ, gleicht er den reingesichtigen Mustermenschen in den Wachtturm-Bilderbüchern nun sogar optisch wie ein Ei dem anderen.

Zweimal in der Woche geht auch Sänger Jackson in den Felddienst von Haus zu Haus. Selbst dabei kann er seine Verwandlungslust nicht unterdrücken: Er wird zwar weder Werwolf noch Zombie, doch hat man ihn in Birmingham zwischen den Auftritten schon mal im grauen Anzug, mit falschem, buschigem Schnauzbart und einem das Gesicht entstellenden Zahneinsatz bei der Missionsarbeit gesehen, »Wachtturm« und »Erwachet!« unterm Arm.

Große Stars von der Popularität eines Michael Jackson haben für Jehovas Zeugen propagandistischen Wert. Jahrelang wurde in Zeugen-Reihen immer wieder schwärmerisch erzählt, daß auch die Mutter des ehemaligen amerikanischen Präsidenten Dwight D. Eisenhower in der Wahrheit sei. Doch haben Aushängeschilder einen Nachteil: Aufgrund ihrer Popularität werden sie von der Öffentlichkeit genauestens beobachtet. Und wehe, die entdeckt an einer solchen Person einen Makel; der fällt dann umgehend auf die ganze Gemeinschaft zurück.

Diese Erfahrung mußte die Sektenleitung auch bei Michael Jackson machen. Nicht nur einmal. Denn seine Eskapaden im Bereich »obszöner Tanzdarbietung« und »Okkultisten-Filmerei« blieben nicht die einzigen Fehltritte. In einem Bericht der Zeitung »The Washington Post« werden den Jackson-Geschwistern und deren Management dubiose Verkaufsmethoden während ihrer Tournee »Victory Tour« vorgeworfen. Tickets für die Konzerte konnten nämlich nur im Viererblock gekauft werden, und der Preis von 120 Dollar mußte gleich mit dem Ticket-Auftrag per Post überwiesen werden. Mit dem Verkaufsbeginn klingelten bei den Jacksons die Kassen. Da neun von zehn Antragstellern wegen der begrenzten Plätze in den Konzertsälen kein Ticket erhielten, gingen Millionen Dollar zuviel ein. Trotzdem erhielten alle ihr Geld frühestens nach einem Monat zurück. So merkwürdig derartige Verkaufstricks auch sind, braucht man als Eingeweihter doch nicht lange zu überlegen, wo die Jackson-Brüder solche Methoden gelernt haben. Der Zeitschriften- und Buchverkauf der Wachtturm-Gesellschaft funktioniert nach einem ähnlichen Prinzip: Alle Verkündiger müssen ihr Zeitschriften-Kontingent an die Wachtturm-Gesellschaft abrechnen, noch ehe sie das erste Buch an den Mann gebracht haben.

Der einzige, wenn auch kleine Unterschied: Bleiben die Verkündiger auf ihren gegen Vorkasse empfangenen Büchern und Zeitschriften sitzen, haben sie die unverkäufliche Makulatur aus eigener Tasche bezahlt. Rückerstattung gibt's nicht. Enttäuschte Jackson-Fans erhielten ihr Ticket-Geld immerhin zurück. Wenn auch erst, nachdem es den Jackson-Konten unverdientes Zinsvermögen brachte.

Derartige Publicity mag die Wachtturm-Gesellschaft gar nicht gern. Vielleicht ist das der Grund, warum in dem »Erwachet!« vom 22. Mai 1984, in dem Jackson seine Reue über »Thriller« äußert, mit keinem Wort erwähnt wird, daß Michael Jackson eigentlich »Bruder Jackson« ist.

154

Gegen-Darstellungen

Daß wir nicht tanzen dürfen, ist unwahr, aber tanzen und tanzen kann ein Unterschied sein, für diesen hat Herr Nobel möglicherweise keinen Sinn.

E. A., Bad Harzburg

Michael Jackson wird zu diesen unchristlichen Darbietungen von seinen Managern gezwungen. Als junger Mensch hatte er sich mit einem Vertrag knebeln lassen, der ihn zu solchen Auftritten zwang. Ansonsten ist er ein vorbildlicher Zeuge Jehovas und geht wie jeder von uns in den Predigtdienst. Daß diese ordinären Bühnenauftritte nicht von ihm stammen, sieht man schon daran, daß Michael Jackson außerhalb des Showgeschäfts demütig und bescheiden lebt. Außerdem trinkt und raucht er nicht, und er führt ein moralisches Leben und nimmt auch keine Drogen . . .

E. Q., Hamburg

Dressierte Kinder

Zeugen-Kinder werden schon im Kinderwagen in die Versammlungen geschoben. Vom Babyalter an müssen sie die Marathonsitzungen ihrer Eltern mitmachen. Während der viertägigen Bezirkskongresse sitzen sie nicht selten acht Stunden auf den Bänken — von den Eltern zu ununterbrochenem Stillsitzen und Schweigen verdonnert. Werden sie unruhig, beschweren sich Glaubensbrüder, die sich in ihrem Studiereifer gestört fühlen. Damit die Kongresse nicht vom Kinderlärm gestört werden, sagt das »Organisationsbuch« den Ordnern, »die selbst Erfahrung darin haben, wie man mit Situationen fertig wird, die im Familienleben auftreten«: »Da sich das Benehmen der Kinder innerhalb und außerhalb des Königreichssaales günstig oder ungünstig auf die Versammlung auswirken kann, können die Ordner, wenn nötig, Eltern ermahnen, ihre Kinder richtig zu beaufsichtigen, damit sie nicht im Gelände herumlaufen, besonders wenn sich die Anwesenden nach der Zusammenkunft miteinander unterhalten.«
Natürlich funktioniert das nicht so reibungslos, wie sich die Wachtturm-Schreiber das vorstellen. Elke Kurz*, ehemalige Zeugin und Mutter von drei Kindern: »Wenn mein Kind mal laut war, wurde ich umgehend hinausgeschickt. Andere Schwestern schlu-

gen ihre Kinder dann, damit sie ruhig waren. Ich wollte meine Kinder aber nicht mit Gewalt dressieren. Als ich das deutlich sagte, wurde ich hinterher in der Versammlung schief angesehen.«

Das Lesen lernen die Kinder aus Wachtturm-Schriften. Sogar die Gute-Nacht-Geschichten werden aus Sektenbüchern vorgelesen. Märchen oder Abenteuerromane bleiben ihnen unbekannt. Während die Altersgenossen aus »Lederstrumpf«, »Die Schatzinsel« oder »Robinson Crusoe« vorgelesen bekommen, müssen sie den Bibelgeschichten von David und Goliath oder Daniel in der Löwengrube zuhören. Im »Familienstudium« trichtern die Eltern ihren Kindern erste Sektengrundsätze ein. Und sie achten genau darauf, daß der Umgang mit »Kindern aus der Welt« auf Schule und Kindergarten beschränkt bleibt. Als Begründung dient eine Bibelstelle aus den Korintherbriefen: »Schlechte Gesellschaft verdirbt nützliche Gewohnheiten.«

An Schulfesten, Sportveranstaltungen oder Freizeitgruppen dürfen sie nicht teilnehmen. Sie sind ausgeschlossen, wenn Ostereier bemalt, Weihnachtssterne gebastelt oder Karnevalsverkleidungen entworfen werden. »Ich kann mein Kind doch nicht an der Vorbereitung heidnischer Feste teilnehmen lassen«, erklärte mir eine Zeugin.

Zeugenkinder sind unter ihren Klassenkameraden bald als Sonderlinge verschrien, werden ständig verspottet und gehänselt. Ihnen bleibt nur die Hoffnung auf das »neue System«. Wer nicht pariert, kriegt Prügel, frei nach dem Bibelvers: »Wer sein Kind liebt, der sucht es sicherlich heim mit Züchtigung.«

In den Methoden, ihre Kinder auf »Linie« der Wachtturm-Gesellschaft zu bringen und zu halten, sind

Zeugen-Eltern oft nicht gerade zimperlich. Helmut Kurz* wurde schon als Junge von seinem Vater in die Versammlung geschleppt. Aber er wehrte sich dagegen, entwickelte heimlich ein Eigenleben abseits der Sekte, diskutierte mit Freunden »aus der Welt« und war sogar Mitglied der Schülermitverwaltung. Der Vater kam dahinter. Als er eines Tages von der Schule kam, wurde er von seinem Vater und einem Versammlungsaufseher empfangen. Auf dem Küchentisch standen Tonbandgerät, Mikrofon und eine Tischlampe. »Setz dich!« befahl man ihm. Die Schreibtischlampe strahlte direkt auf sein Gesicht. Dann wurde der 15jährige bei laufendem Tonband über seinen Flirt mit »den Verlockungen und Sünden der Welt« ausgefragt. Es war eine Szene wie in einem Krimi.

Um unverständigen Lehrern die Zwänge von Zeugen-Kindern plausibel zu machen, hat die Wachtturm-Gesellschaft die Broschüre »Jehovas Zeugen und die Schule« herausgebracht. Im Vierfarbendruck und mit den üblichen »biblischen Beweisen« erklärt die Zeugen-Postille, warum deren Nachwuchs keinen Klassensprecher wählen, geschweige denn selbst dafür kandidieren darf, beim Schulgebet mitbeten nicht erlaubt ist (nicht einmal beim Vaterunser), ihnen Schülerbälle und Partys vorenthalten werden, sie nicht an Sportgruppen außerhalb des Stundenplans teilnehmen sollen, das Mitwirken in einem Schulorchester nicht erlaubt wird, genausowenig wie das Mitspielen im Schultheater.

Rotes Tuch sind den Eltern der Zeugen besonders der Naturkundeunterricht und die Sexualerziehung. In beiden Fächern wittern Zeugen-Ideologen die Verderblichkeit »der Welt« und verlangen von den Lehrern, »daß die Lehrer die biblische Überzeugung jugendlicher Zeugen Jehovas respektieren«. Im Fach Naturkunde stört sie vor allem, daß die »Evolutionstheorie oft als wissenschaftliche Tatsache hingestellt wird«. Verständlich, lehren doch die Zeugen ihre Kinder, daß Adam der erste Mensch war und Eva aus einer Rippe gemacht wurde. Wer hat es da schon gern, wenn so ein Lehrer »aus der Welt« daherkommt und ihren Kindern beibringt, daß der Mensch vom Affen abstammt.

Das Fach Sexualkunde muß allein vom Namen her schon den Argwohn der verklemmten Zeugen-Gemeinde hervorrufen. Wurde auf Versammlungen, beim Buchstudium oder in Gesprächen mal über Sex gesprochen, dann nur über Zeugen-Visionen von ausschweifenden Sexorgien, sexuellen Perversionen oder Gruppensex. Das Wort Sex beflügelte ihre Phantasie, wofür die sekteninterne Behandlung des Themas verantwortlich ist, die den Zweck der Sexualität im »Jugendbuch« wie folgt erklärt: »Die Sexualität stammt von unserem Schöpfer. Sie ist dafür gedacht, daß ein Mann zeigen kann, wie sehr er eine Frau liebt und damit sie gemeinsam Kinder zeugen können. Gott legt aber Regeln in bezug auf die Sexualität fest, die besagen, daß ein Mann und eine Frau nur dann Geschlechtsbeziehungen haben dürfen, wenn sie miteinander verheiratet sind. Dies deshalb, weil Gott wollte, daß jedes Kind, das auf die Welt kommt, sowohl einen Vater als auch eine Mutter haben sollte, die die volle Verantwortung dafür übernehmen würden, es aufzuziehen. Aus diesem Grund ist es in Gottes Augen verkehrt, wenn Menschen, die nicht miteinander verheiratet sind, Geschlechtsbeziehungen haben. Für Verheiratete aber bieten die Geschlechtsbeziehungen eine wundervolle Möglichkeit, ihre Liebe zueinander zu zeigen. Dabei legt sich der Mann so eng an seine Frau, daß sich sein Geschlechtsorgan ganz natürlich in ihre Geburtswege einfügt.«

Und wenn sie nicht gestorben sind, dann leben sie noch heute. In dem Aufklärungsmärchen der Wachtturm-Gesellschaft ist das männliche Glied natürlich »Geschlechtsorgan«, die weibliche Scheide »Geburtsweg«. Daß Zeugen-Jugendliche im »Jugendbuch« nicht erfahren, daß es Verhütungsmittel gibt, paßt ins Bild. Es könnte doch jemand darauf kommen, daß man damit einfach nur aus Lust machen kann, was Zeugen-Moralisten der Fortpflanzung vorbehalten.

Glücklicherweise werden solche Aufklärungsmärchen sogar in bayrischen Zwergschulen nur noch selten gelehrt. Zeugen-Eltern bringt das auf die Palme. Sie pochen gegenüber Schule und Lehrer auf ihr Recht, »daß ihre Kinder vom Sexualkundeunterricht befreit werden«, wenn darin nicht die moralischen Grundsätze der Bibel vermittelt werden.

»Sie sind kein Teil der Welt, so wie ich kein Teil der Welt bin.« Der Bibelvers aus »Johannes« ist die Begleitmusik für die völlige Absonderung, die den Kindern bis zu 13 Schuljahre lang auferlegt wird. Klassengemeinschaft oder Klassenkameraden lernen sie nie kennen. Alles, was sich außerhalb des regulären Unterrichts abspielt, ist ihnen ja verboten. Eltern und Aufseher verlangen, daß sie sich als Außenseiter profilieren. In einer wichtigen Entwicklungsphase der Jugend ist ihr Lebensweg mit Verboten und Pflichten gepflastert.

Die Wachtturm-Gesellschaft kann den jungen Zeu-

Gibt der Aufseher beim Vortrag eine Bibelstelle an, so blättert umgehend jeder Zeuge den Text nach

Bei Kongressen wird Disziplin
demonstriert. Mütter mit
unruhigen Kindern müssen vom
Saalrand aus zuhören

Für Rolf Nobel sollte nach der
Ganzkörpertaufe ein neues Leben beginnen,
ein Leben in der Wahrheit

**Fanatische Zeugen Jehovas hängen ihren
Kindern solche Kärtchen um.
Bluttransfusionen fürchten sie mehr als den Tod**

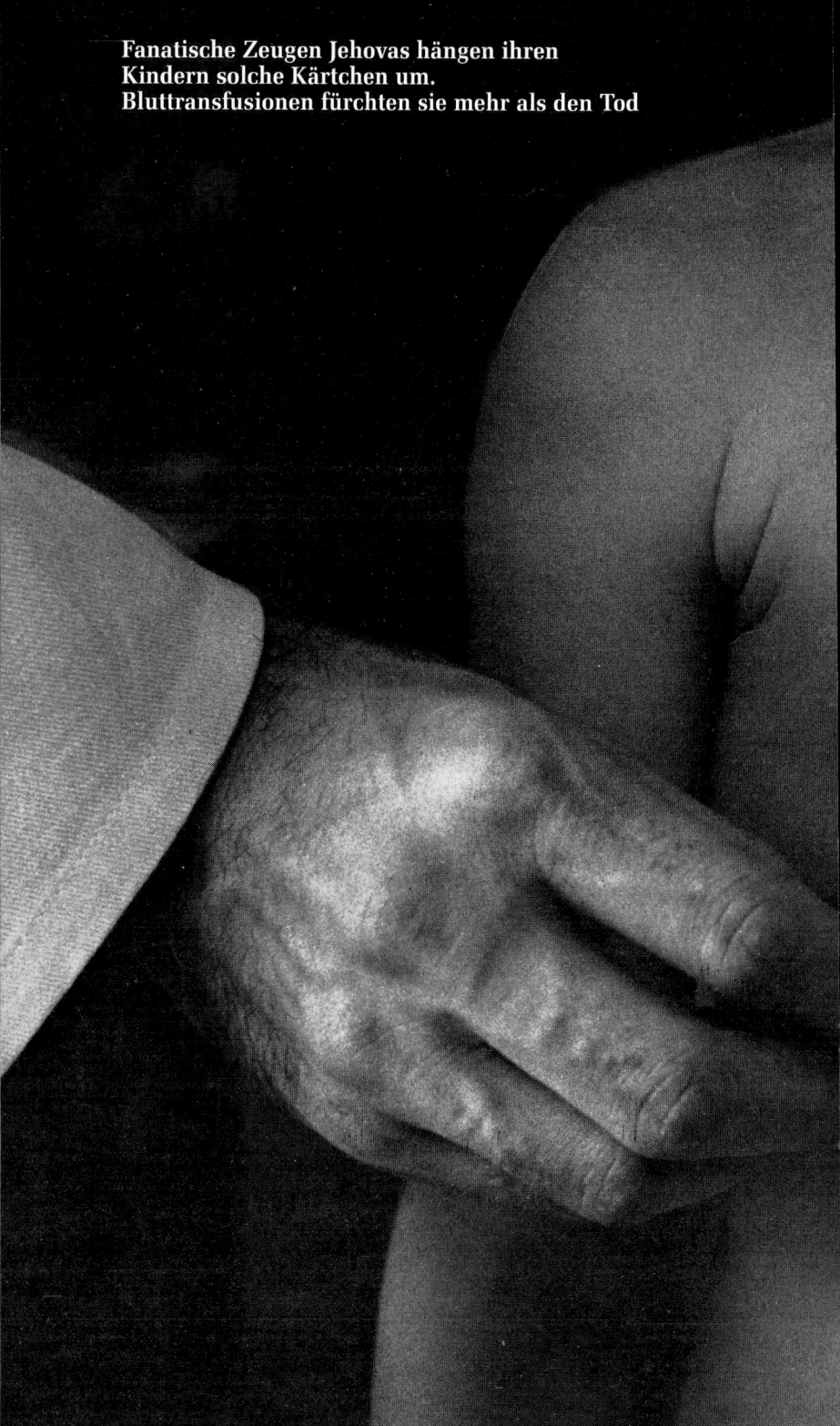

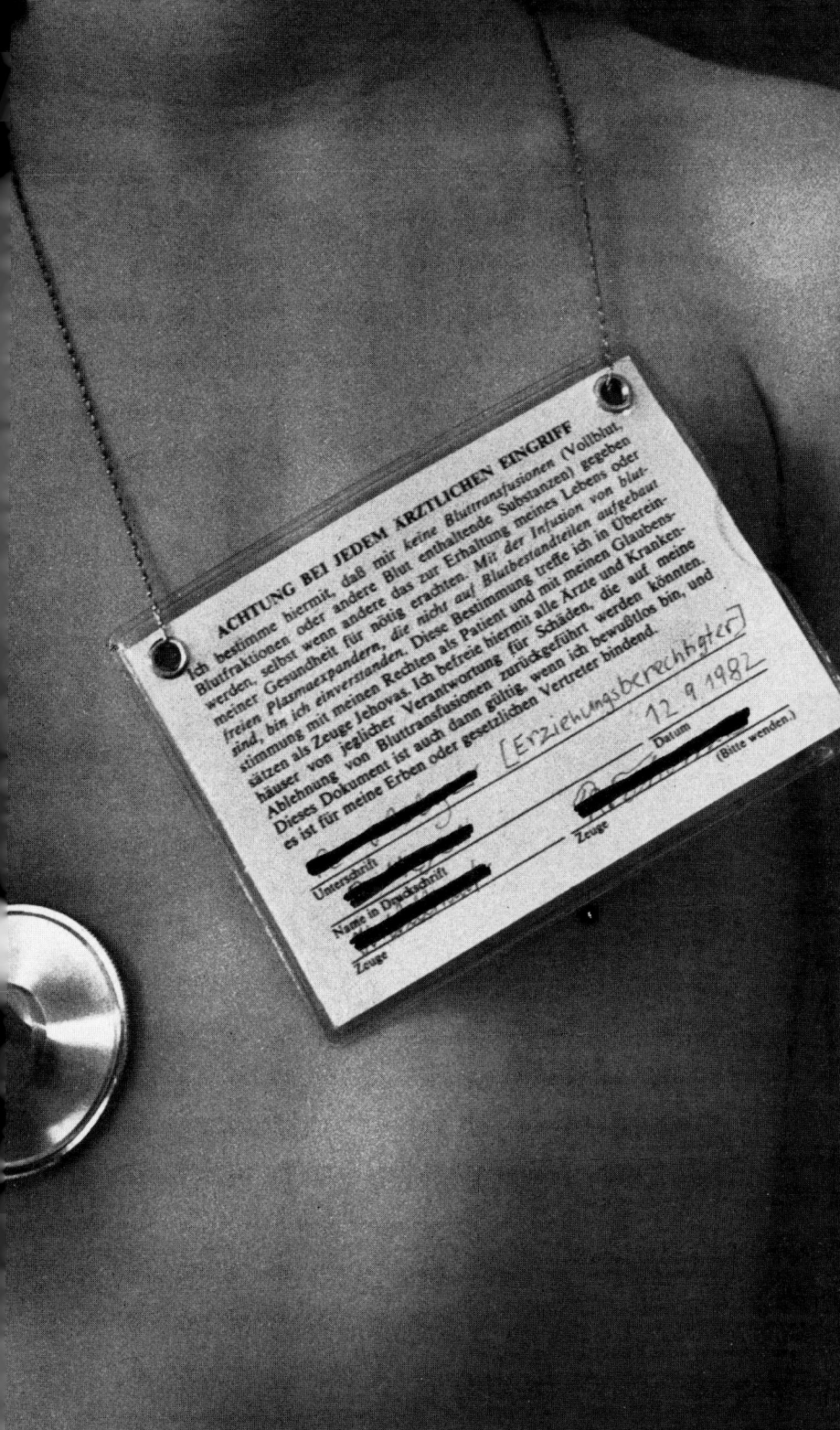

ACHTUNG BEI JEDEM ÄRZTLICHEN EINGRIFF

Ich bestimme hiermit, daß mir *keine Bluttransfusionen* (Vollblut, Blutfraktionen oder andere Blut enthaltende Substanzen) gegeben werden, selbst wenn andere das zur Erhaltung meines Lebens oder meiner Gesundheit für nötig erachten. Mit der Infusion von *nicht aus freien Plasmaexpandern, die nicht auf Blutbestandteilen aufgebaut sind, bin ich einverstanden.* Diese Bestimmung treffe ich in Übereinstimmung mit meinen Rechten als Patient und mit meinen Glaubenssätzen als Zeuge Jehovas. Ich befreie hiermit alle Ärzte und Krankenhäuser von jeglicher Verantwortung für Schäden, die auf meine Ablehnung von Bluttransfusionen zurückgeführt werden könnten. Dieses Dokument ist auch dann gültig, wenn ich bewußtlos bin, und es ist für meine Erben oder gesetzlichen Vertreter bindend.

[Erziehungsberechtigter]

12.9.1982

_____   _____
Unterschrift   Datum

                                    (Bitte wenden.)

_____   _____
Name in Druckschrift   Zeuge

_____
Zeuge

gen Jehovas dafür keinen Ersatz bieten. Ein spezielles Programm für Jugendliche und Kinder gibt es nicht. Man macht sie schon in Kinderjahren zu Miniaturausgaben der erwachsenen Zeugen, zwängt sie andauernd in Anzug und Sonntagskleid und halst ihnen ähnliche Pflichten auf wie den Eltern. Die seelischen Schäden, die junge Zeugen dabei nehmen, werden erst viel später deutlich. Nachweisbar wird das nur durch ehemalige Sektenmitglieder, die sich freimütig darüber äußern. Stramme Gläubige würden so etwas natürlich niemals zugeben, vielleicht merken sie es auch gar nicht.

Auch Schulbildung ist den Kindern von Zeugen nur in dosierter Form erlaubt. Mittlere Reife ist bereits verdächtig, Abitur schon fast eine Sünde. Und wer gar studiert, der steht bereits mit einem Bein im Schwefelfeuer Harmagedons. »Mit Schulbildung aus der Welt kann man ja doch nichts mehr anfangen. Schließlich kommt bald Harmagedon, und bis dahin sollte dein Kind lieber als Pionier oder Missionar der Sache Jehovas dienen!« werden Zeugen-Eltern mit Bildungsdrang von den Aufsehern zur Räson gebracht.

Die Zeit der Entbehrungen und Entsagungen ist auch im Jugendalter nicht vorbei. Während die Altersgenossen in Discos ziehen und den Plattenschrank voller Rockplatten haben, ziehen jugendliche Zeugen von Tür zu Tür und haben im Regal Musikkassetten mit »Königreichsliedern«.

Rockkultur ist den Sektenführern suspekt. Schon das Tragen einer Jeans wird als Auflehnung gegen die Autorität der theokratischen Führung gewertet. Noch schlimmer ist das Hören von Rockmusik. In dem Handzettel »Verbindungen der Rockmusik mit

Satan« warnen die greisen Sektenführer vor Rock-
gruppen, die »wissentlich oder unwissentlich Bot-
schaften des Satanskultes« in ihre Texte aufnehmen.
Als Hinweis empfehlen sie, John Lennons Song »Re-
volution Nr. 9« einmal auf einem Tonband aufzu-
zeichnen und dann rückwärts abzuspielen. Dann, so
die Wachtturm-Gesellschaft, verstehe man deutlich
eine ängstliche Stimme, die schreit: »Laß mich hier
raus, heb mich auf, toter Mann!« Ob das die Stimme
Satans war oder nur ein Gag der Beatles, werde »man
vielleicht nie erfahren«, heißt es. Und vielsagend:
»John Lennon wurde ermordet.«
Nicht nur die Musik der Platten macht den Sektenführern Sorgen, »zwar nicht, was man bei normaler
Abspielweise hört, sondern beim Rückwärtslauf«.
Nein, sogar die Plattencover haben es in sich, oder
besser: Sie haben ihn in sich. Wen? Satan natürlich.
Die Cover von »Queen«, »Styx«, »AC/DC« enthalten
— so Brooklyn — »mysteriöse Symbole, die christliche Kreuze mit traditionellen Satanssymbolen ver-
mischen, wie Ziegenböcke mit Höllenzungen«. Und
die Initialen von »ELO« bedeuten nicht etwa wirklich »Electric Light Orchestra«, sondern sind »eine
alte Form des Namens Satan«.
Was soll die Verteufelung der Rockmusik durch die
Führung der Wachtturm-Gesellschaft? Die Erklärung
ist einfach: Viele Songs drücken Lebensstil und Haltung aus, die der Sektenführung nicht recht sein können. Freie Liebe und Sexualität etwa. Oder Auflehn-
nung gegen staatliche Autoritäten. Die Zeugen-Lehre
von der Keuschheit bis zur Ehe steht dazu genauso
im Widerspruch wie die Order zur »Einhaltung von
Cäsars Gesetzen«, das strikte Befolgen staatlicher
Anordnungen.

Sogar die eigene Autorität sieht der »Göttliche Kanal« durch Rockmusik gefährdet. Im »Wachtturm« vom 15. April 1983 wird unter der Überschrift »Vermeide unabhängiges Denken« vor geistigen Alleingängen gewarnt, die sich dadurch bemerkbar machten, »daß der Rat, den Gottes Organisation gibt, in Frage gestellt wird«. Dabei wird an die Warnung erinnert, »sich gewisse unsittliche und zweideutige Musikstücke anzuhören und Diskotheken oder andere Arten weltlicher Tanzsäle aufzusuchen, wo solche Musik gespielt wird und Leute verkehren, die für einen unsittlichen Lebenswandel bekannt sind«.

Ratgeber für den sittlich-moralischen Reifeprozeß der Zeugen-Jugend ist ein 142 Seiten starkes, rotes Büchlein mit dem Titel: »Mache deine Jugend zu einem Erfolg«.

In 24 Kapiteln lassen die Moralapostel im Brooklyner Schreibbüro kein Thema aus, das für jugendliche Zeugen zum Stolperstein werden könnte: »Wenn man ein Mann wird«, »Wenn ein Mädchen erwachsen wird«, »Masturbation und Homosexualität«, »Sind alkoholische Getränke etwas für dich?«, »Sind Drogen der Schlüssel zum Glück?«, »Wie denkst du über Musik und Tanzen?«, »Lohnt sich eine gute Geschlechtsmoral?«.

»Man braucht wohl kaum zu erwähnen«, schreibt die Wachtturm-Gesellschaft in der Einleitung, erwähnt es dann aber doch, »daß das Leben viel komplizierter ist als ein Automotor oder ein Abendkleid.« Mit solcherlei Scharfsinn schreibt man auch über Selbstbefriedigung: »Die meisten Ärzte sind der Ansicht, gelegentliche Masturbation schade dem Körper nicht. Ebenso wie die meisten Psychotherapeuten sagen sie, zu einem Schaden komme es nur, wenn der Betreffende Schuldgefühle habe, die geistige und emotionelle Störungen verursachten, welche wiederum körperliche Störungen hervorriefen. Ärzte und Psychotherapeuten sind allerdings unvollkommene Menschen, die Irrtümern unterworfen sind und deren Ansichten sich ändern. Es gibt aber einen Ratgeber, an den sich junge Menschen wenden können und der beständig und frei von Irrtümern oder Fehlurteilen ist — Gottes Wort.«

Wie dessen Rat ausfällt, ist nicht schwer zu erraten: »Man möchte etwas haben, was einem nicht rechtmäßig zusteht. Gott hat die Ehe als die einzige Einrichtung für die Befriedigung des geschlechtlichen Verlangens vorgesehen. Aber jemand, der masturbiert, versucht in Wirklichkeit, diese Befriedigung zu finden, ohne den Preis dafür zu bezahlen.«

Nach derartig mittelalterlicher Moral ist die Homosexualität »widernatürlich« und »verabscheuungswürdig«, Rauchen »Mißbrauch des Körpers« und »Befleckung des Fleisches«, »Händchenhalten« eines Paares bereits unerlaubter Auslöser »erotischer Spannungen«. Welche Musik man hört und wie man tanzt, entscheidet darüber, »ob du lediglich daran interessiert bist, dich zu amüsieren, oder daran, ewig in Gottes Gunst zu leben«. Der Beischlaf mit einem jugendlichen Mädchen ist nach dem »Jugendbuch«, »wie wenn man die Blütenblätter einer Rosenknospe vorzeitig mit Gewalt öffnen wollte«.

Damit jugendliche Zeugen auch lernen, wie man sich vor den Gefahren sittenwidrigen Verhaltens schützen kann, verweist das Buch abschließend darauf, daß man sich auch auf »ehrbare Weise« vergnügen kann: »Beim Schlittschuhlaufen, Tennisspielen und bei ähnlichen Sportarten oder indem man in ein Restau-

rant essen geht, ein Museum besucht oder Sehens-
würdigkeiten besichtigt. Man hat dann das Gefühl,
allein zu sein, weil man sich nicht im Kreise von Bekannten aufhält, und doch genießt man einen gewissen Schutz, weil noch andere Menschen in der Nähe
sind.«

Derart in Verbote gezwängt, ständig unter Beobach-
tung und heranwachsend mit einem unterdrückten
Sexualtrieb, tragen die meisten jugendlichen Zeugen
sexuelle Störungen davon. Lösen sie sich von der
Wachtturm-Gesellschaft, haben die ersten Partner
auszubaden, was Sittenwächter der Sekte angerich-
tet haben. Viele stolpern von einer Beziehungskrise
in die nächste, für die in der »Wahrheit« Verbliebe-
nen der Beweis für die »morbide Moral des weltlichen Systems«.

Helga Schnoor*, 28, die unter der Sexualethik der
Zeugen Jehovas aufwuchs: »Ich bedaure noch heute
meine ersten Freunde, die sich mit meinem seelischen Müll herumschlagen mußten. Ich war von
meinen Gefühlen völlig entfremdet, Lust empfand
ich als Sünde, und nach dem Beischlaf hatte ich
schwere Depressionen.«

Gegen-Darstellungen

Was ist anstößig an der biblischen Kindererziehung, die von Jehovas Zeugen praktiziert wird?
Schauen Sie sich die Kindererziehung der Welt an. Unter dem Schutz humaner Erziehung, oder besser und richtiger gesagt — Ablehnung von Erziehung —, ist es doch erst möglich geworden, daß heute die aufsässige, aggressive Jugend zum Gegenstand ständiger Polizeieinsätze und nicht mehr zu bewältigender Gerichtsprozesse geworden ist.
Ein anderer Ausdruck dieser Erziehung ist die zunehmende Depression, gewaltlose Ablehnung der heutigen Gesellschaftordnung, die Flucht in die Drogenszene und den Tod. Dies alles ist eine Lawine, die keiner mehr aufhalten kann.

H.-J. K., Nindorf

Wo findet man in dem Artikel etwas über das beispielhafte Verhalten der Kinder und Jugendlichen, die weder kriminelle Handlungen begehen, noch Drogen zu sich nehmen, die ihre Eltern, die Lehrer oder auch die staatlichen Einrichtungen respektieren?

R. B., Gröbenzell

Jehova mag kein Blut

Eines Tages drückte mir die alte Verkündigerin Quast ein kleines weißes Kärtchen in die Hand. Es weist den Inhaber als Zeugen Jehovas aus und erklärt, daß ihm keine Bluttransfusionen gegeben werden sollen, »selbst wenn andere das zur Erhaltung meines Lebens oder meiner Gesundheit für nötig erachten«. Ich sollte das Kärtchen in ihrer Gegenwart unterzeichnen: »Das müssen Sie dann immer in Ihrer Brieftasche tragen!«

Jehovas Zeugen lehnen fremdes Blut in jeder Form ab. Im KZ Ravensbrück verweigerten viele Zeugen trotz ihres Hungers selbst das Essen von Blutwurst. Blut als Nahrungsmittel ist sogar für Tiere verboten. Günther Pape berichtet in seinem Buch »Die Wahrheit über Jehovas Zeugen« über einen Fall, wo man die Besitzerin einer Hühnerfarm exkommunizierte, nur weil in dem von ihr verfütterten Futter Blut enthalten war. Die Verwendung anderen Futters hätte die Legeleistung der Hühner derart verringert, daß die Farm dann unrentabel wäre. Das Rechtskomitee zeigte kein Einsehen, die Schwester gab nicht nach und ihre Hühnerfarm nicht auf, also flog sie raus.

Bei dem Blutverbot beruft sich die Leitende Körperschaft auf einen 4300 Jahre alten Hinweis Gottes an Noah: »Jedes sich regende Tier, das am Leben ist,

175

TELEFON
(0 61 21) 46 00 32

WACHTTURM
BIBEL- UND TRAKTAT-GESELLSCHAFT
DEUTSCHER ZWEIG, E. V.

POSTFACH 59 20, GREIFSTRASSE 5, 6200 WIESBADEN 1, DEUTSCHLAND

TELEGRAMM
WACHTTURM

1. Januar 1981

AN ALLE VERSAMMLUNGEN

Liebe Brüder!

Seit einigen Jahren tragen die meisten Zeugen Jehovas in diesem Land die Karte KEINE BLUTTRANSFUSION! bei sich. Es ist jedoch festgestellt worden, daß einiges verbessert werden sollte, damit eine solche Karte noch wirkungsvoller ist. Daher ist eine neue Karte gedruckt worden mit der Überschrift ACHTUNG BEI JEDEM ÄRZTLICHEN EINGRIFF.

Eine solche Karte trägt man bei sich, um Ärzte über seinen Standpunkt hinsichtlich des Blutes zu informieren und sie zur Zusammenarbeit zu bewegen. Die Karte sollte die feste Zusicherung zum Ausdruck bringen, daß die Ärzte und das Krankenhauspersonal, wenn sie unserer Weigerung entsprechen, nicht befürchten müssen, von uns zur Verantwortung gezogen zu werden, weil sie kein Blut gegeben haben. Wie Ihr sehen werdet, ist die neue Karte als eine rechtliche Urkunde und nicht als eine religiöse Erklärung abgefaßt worden. Die Ausdrucksweise ist ähnlich wie bei Formularen, die in vielen Krankenhäusern verwendet werden.

Füllt die Karte bitte sauber und vollständig aus. Dann tragt sie in Eurer Brieftasche oder Eurer Handtasche bei Euch, wo sie bei einem Unfall gefunden werden kann.

UNTERSCHRIFT: Unterschreibt die Karte. Schreibt darunter Euren Namen leserlich in Druckschrift.

DATUM: In der Vergangenheit haben einige verantwortliche Personen gezögert, die Karte KEINE BLUTTRANSFUSION! anzuerkennen, weil sie der Meinung waren, der Träger könne seine Ansicht über das Blut geändert haben. Daher ist auf der neuen Karte Platz für ein Datum vorgesehen. Jedes Jahr sollte im Januar eine neue Karte ausgefüllt werden. Auf diese Weise werdet Ihr immer eine gültige Urkunde bei Euch haben.

ZEUGEN: Die Karte sollte von zwei verantwortlichen Erwachsenen als gesetzlichen Zeugen unterschrieben werden, was die Gültigkeit der Karte als rechtliche Urkunde stützen wird. Die Unterschriften sollten lesbar sein. Nach Möglichkeit sollte einer der Zeugen ein naher Angehöriger sein, und das Verwandtschaftsverhältnis sollte angegeben werden (Beispiel: Helga Schmidt [Ehefrau]). Bei dem nahen Angehörigen kann es sich um die Ehefrau, den Ehemann, die Mutter, den Vater, einen erwachsenen Sohn oder eine erwachsene Tochter handeln. Andere, die als Zeugen unterschreiben könnten, sind ein Ältester, ein Rechtsanwalt, ein Arzt oder ein enger Freund.

ALLERGIEN: Führt hier bitte Medikamente auf, gegen die Ihr allergisch oder empfindlich seid, z. B. Aspirin, Penizillin oder andere Antibiotika.

MEDIKAMENTE, DIE ICH DAUERND EINNEHME: Führt Medikamente auf, die Ihr
gegenwärtig regelmäßig einnehmt, z. B. Insulin, Digitalis oder Hormone.

WEITERE RISIKOFAKTOREN: Dazu gehören größere gesundheitliche Probleme,
besonders solche, derentwegen Ihr behandelt worden seid. Zum Beispiel solltet Ihr Herz-, Lungen-, Nieren-, Darm- oder Nervenkrankheiten oder -probleme
angeben.

NAME, TELEFONNUMMER, ANSCHRIFT: Bitte leserlich in Druckschrift schreiben.
Haltet diese Angaben immer auf dem neusten Stand.

Die neue Karte ACHTUNG BEI JEDEM ÄRZTLICHEN EINGRIFF sollte Euch zusätz-
lichen Grund geben, zu glauben, daß Euer wichtiger biblischer Standpunkt hinsichtlich des Blutes respektiert wird.

                                     Eure Brüder

                    Wachtturm B. & T. Gesellschaft

                       DEUTSCHER ZWEIG, E.V.

SEKRETÄR: Die Karten werden zusammen mit diesem Brief verschickt. Sie werden während einer Dienstzusammenkunft im Februar verteilt, und Du wirst dann Gelegenheit
haben, diesen Brief mit der Versammlung zu besprechen. Bewahre den Brief bitte
zur späteren Verwendung in der Versammlungsablage auf.

MUSTER

ACHTUNG BEI JEDEM ÄRZTLICHEN EINGRIFF

Ich bestimme hiermit, daß mir *keine Bluttransfusionen* (Vollblut, Blutfraktionen oder andere Blut enthaltende Substanzen) gegeben werden, selbst wenn andere das zur Erhaltung meines Lebens oder meiner Gesundheit für nötig erachten. *Mit der Infusion von blutfreien Plasmaexpandern, die nicht auf Blutbestandteilen aufgebaut sind, bin ich einverstanden.* Diese Bestimmung treffe ich in Übereinstimmung mit meinen Rechten als Patient und mit meinen Glaubenssätzen als Zeuge Jehovas. Ich befreie hiermit alle Ärzte und Krankenhäuser von jeglicher Verantwortung für Schäden, die auf meine Ablehnung von Bluttransfusionen zurückgeführt werden könnten. Dieses Dokument ist auch dann gültig, wenn ich bewußtlos bin, und es ist für meine Erben oder gesetzlichen Vertreter bindend.

Wilhelm Schmidt

Unterschrift

Wilhelm Schmidt   *1. 1. 81*

Name in Druckschrift   Datum

Helga Schmidt   *Frank Müller (Prediger)*

Zeuge   *(Ehefrau)*   Zeuge   (Bitte wenden.)

Allergien: _____ *Penizillin* _____

Medikamente, die ich dauernd einnehme: _____

_____ *Insulinspritzen NPH 30 U* _____

Weitere Risikofaktoren: *Diabetes, Nierensteine*

IM NOTFALL VERSTÄNDIGEN SIE BITTE:

Name: *Helga Schmidt* ____ Tel.: *0611/2781.34*

Anschrift: *Hauptstr. 10, 6000 Frankfurt 1*

Die Bibel gebietet: 'Enthaltet euch des Blutes' (Apg. 15:29).

Printed in Germany   (Bitte wenden.)

möge euch zur Speise dienen. Wie im Falle der grünen Pflanzen gebe ich euch gewiß das alles. Nur Fleisch mit seiner Seele — seinem Blut — sollt ihr nicht essen.«

Und um zu beweisen, daß auch das Neue Testament Blut verbietet, führen sie Apostelgeschichte 15, Vers 19, an: »Darum urteile ich, daß man denen, die aus den Heiden zu Gott sich bekehren, nicht beunruhige, sondern ihnen schreibe, daß sie sich enthalten sollen von der Befleckung durch Götzen und von Unzucht und vom Erstickten (unausgeblutetem Fleisch) und vom Blut.«

In dem 64seitigen Heft »Jehovas Zeugen und die Blutfragen« werden noch pseudowissenschaftliche Thesen über die Gefahren von Bluttransfusionen nachgereicht. Nicht weniger als achtzig medizinische Bücher und Zeitschriften werden — meist aus dem Zusammenhang gerissen — zitiert, um die Gefahren von Bluttransfusionen dramatisch und völlig überzogen zu schildern. Die elterliche Fürsorgepflicht interpretieren Zeugen Jehovas darin vor allem als Entscheidungsrecht. Sie verlangen »aus moralischen und grundsätzlichen Überlegungen«, daß der Arzt im Falle hohen Blutverlustes »die Verantwortung liebevoller, besorgter Eltern anerkennt, Entscheidungen für ihre minderjährigen Kinder zu treffen«. Was dieser Schmus im Klartext heißt, zeigt der Fall der »besorgten« Zeugen-Eltern Krüger:

Es war der 15. Juli 1976 im österreichischen Kärnten. Landschaftsgärtner Werner Krüger kam mit seiner Frau Monika und den Kindern Markus, Michael und Ilona von einer Bergwanderung zurück. Die Kinder liefen ihren Eltern voraus zur Pension. Beim Spielen im Zimmer passierte dann das Unglück. Markus kletterte auf das Balkongeländer, verlor das Gleichgewicht und stürzte sechs Meter hinab auf den Schotterboden. Schädelbruch.

Die Eltern fanden den Jungen leblos in einer Lache von Blut. Der Rettungswagen brachte Markus nach Salzburg, wo der bekannte Neurochirurg Dr. Diemath arbeitete. Gegen Mitternacht traf der schwerverletzte Junge dort ein. Die untersuchenden Ärzte hielten eine sofortige Bluttransfusion für notwendig, weil es gerade bei Hirnverletzungen darauf ankommt, daß über die roten Blutkörperchen genügend Sauerstoff zugeführt wird.

Die Eltern von Markus Krüger lehnten das ab. »Wir sind aus religiösen Gründen dagegen«, erklärten die Zeugen Jehovas. Sie boten Dr. Diemath ein Fläschchen Blutersatz an, eine Lösung, die zwar Blutvolumen aufbaut, aber keine roten Blutkörperchen liefert oder heranbildet. »Ihr Kind stirbt, wenn Sie nicht einverstanden sind«, sagte der diensthabende Arzt. Die Eltern blieben bei ihrer Haltung. Zum Schluß der Auseinandersetzung wurde Werner Krüger sogar wütend und drohte: »Wenn mein Kind fremdes Blut bekommt, ist es mein Kind nicht mehr. Dann können sie es gleich behalten!«

Der zuständige Staatsanwalt ordnete schließlich die sofortige Operation an. Erst acht Stunden nach der Einlieferung konnten die Ärzte den Kampf um das Leben des kleinen Markus Krüger beginnen. Es dauerte fünf Tage. Vergeblich. Markus Krüger starb.

Der ehemalige Führer des deutschen Sektenablegers, Konrad Franke, erklärte der empörten Öffentlichkeit nach dem Tod Markus Krügers in einem »stern«-Interview: »Wir töten niemanden. Aber wenn wir eine Bluttransfusion zulassen würden, dann wären wir vom göttlichen Standpunkt her Gesetzesbrecher. Ärztliche Kunst kann nicht auf Kosten von göttlichen Gesetzen gehen. Wenn es Gottes Wunsch ist, daß ein Mensch stirbt, dann müssen wir das respektieren.«

Damit verlangte Franke von allen Zeugen Jehovas, daß sie im Notfall lieber das eigene Leben oder das ihrer Kinder opfern sollen, als ein »göttliches Gesetz« zu brechen. In einer internen Organisationsanweisung für Aufseher der Zeugen Jehovas wird die Bestrafung derjenigen angeordnet, die sich nicht an diese Anordnung halten: »Eine Bluttransfusion an sich selber vornehmen zu lassen ist ein Grund für einen Gemeinschaftsentzug. Ausnahme: Wer im Zustand der Schwäche zustimmte, sein Unrecht erkennt und Jehova und das Komitee um Vergebung bittet, dem kann eine Frist zur Bewährung unter Überwachung gesetzt werden.« Den »Starken« bleibt im Todesfall Konrad Frankes Trost: »Dafür kommt dann die Auferstehung...« Gegen Ende des Interviews machte Franke, der das Blutverbot darin mit dem Soldateneid verglich, Jehovas Zeugen zum eigentlichen Opfer des »Falles Krüger«, über dessen wirkliches Opfer Markus er nicht ein einziges Wort verlor: »Für einen Großteil der Öffentlichkeit sind wir Menschen zweiter Klasse. Und Minderheiten kann man schlachten, so auch uns.«
Man muß sich diesen Wahnsinn einmal vor Augen halten: Da ziehen einige Sätze und Halbsätze aus der Bibel, die zudem noch interpretationsfähig sind, die fürchterliche Konsequenz des Todes nach sich. Und niemand vermag zu sagen, ob der heute als gesichert geltenden Schrifterkenntnis nicht morgen »mehr Licht zuteil wird« und sie dann ganz anders ausge-

legt wird. In der Vergangenheit war das schon häufig der Fall. Würden Sektengründer Russell und sein Nachfolger Rutherford ihre religiösen Auffassungen heutzutage in der Sekte vertreten, würden sie sehr schnell Gemeinschaftsentzug erhalten. So sehr haben sich die Wachtturm-Lehren verändert. Trotzdem wird das Blutverbot als die absolute Wahrheit gehandelt, unter Einkalkulierung auch der schlimmsten Folgen.

Meine Blutverbotskarte füllte ich in Gegenwart der beiden Verkündigerinnen sorgfältig aus und ließ sie anschließend von ihnen unterschreiben. Ich hütete mich aber davor, sie bei mir zu tragen, wie es die Frauen verlangten. Denn ich wollte im Falle eines Unfalls nicht am Straßenrand verbluten, weil sich ein Unfallarzt an das Blutverbot eines vermeintlichen Zeugen Jehovas hält.

Gegen-Darstellungen

Jehovas Zeugen lehnen eine Bluttransfusion ab, weil sie möchten, daß ihre Kinder einmal ewiges Leben erhalten auf Erden. Sie denken an die Zukunft ihrer Kinder, die ihnen Jehova für ihren Gehorsam in Aussicht stellt — das zeigt, daß sie ihre Kinder lieben. Doch Frauen, die ihre Leibesfrucht abtreiben, geben dem ungeborenen Kind diese Chancen nicht.

G. M., Wesseling

Vergleichen Sie doch einmal die Zahl der Kinder von Jehovas Zeugen, die starben, weil sie kein Blut erhielten, mit den Zahlen der Abtreibungen in den katholischen Ländern. Darüber sollten Sie sich aufregen. Und wissen Sie, wie viele Menschen sterben, weil gerade sie Bluttransfusionen erhalten haben? Dies versucht man meist geheimzuhalten und sucht nach einem anderen Grund als Todesursache.

J. G., Garching

Wir lieben unsere Kinder und würden sie nie sterben lassen. Doch die Bibel (Jehova) verbietet uns Bluttransfusionen. Denn wir sollen kein anderes Blut in uns aufnehmen. (Es gibt Ersatzblut.)

C. + N., 13 Jahre alt, Wiesbaden

Ich könnte Ihnen viele Kommentare von Kapazitäten nachweisen, die eine Blutübertragung ablehnen, weil Krankheiten übertragen werden, z.B. Hepatitis und AIDS. Außerdem gibt es heute schon so guten Blutersatzstoff, daß niemand zu sterben braucht, unter anderm Fluosol, womit man nachweislich in Japan 47 Menschen behandelte.

E. H., Bad Oeynhausen

Von Märtyrern und Verrätern

Einige Monate nach meiner Taufe äußerte ich in einem Brief an Schwester Quast und Aufseher Demuth Kritik an dem absoluten Blutverbot und der Angstmacherei vor Harmagedon. Und ich kritisierte das scheinheilige Verhalten gegenüber dem Nationalsozialismus. Entgegen allgemeinen Vorstellungen waren Jehovas Zeugen nämlich keineswegs unnachgiebige Gegner der Nazis, obwohl mit dem Nationalsozialismus ihre Leidenszeit begann. Noch 1933 biederte sich die Wachtturm-Gesellschaft in einem offenen Brief bei Adolf Hitler an: »Örtliche Behörden werden immer bestätigen müssen, daß Bibelforscher absolut zu den ordnungsliebenden und erhaltenden Elementen des Landes und Volkes zu zählen sind.« Die Anrede lautete »Sehr geehrter Herr Reichskanzler«, und stellenweise glich das Vokabular in erstaunlicher Weise dem antisemitischen Vokabular des Angeschriebenen, wenn darin zum Beispiel gegen die »Greuelpropaganda« amerikanischer »Geschäftsjuden« gewettert wird, die Deutschlands nationale Regierung verleumden würden, mit der man sich »bezüglich der rein religiösen und unpolitischen Ziele in völliger Übereinstimmung« befände. Genützt hat den Zeugen Jehovas dieser Anbiederungsversuch nicht. Genützt hat ihnen auch nicht, daß sie Karl

WATCH TOWER

BIBLE AND TRACT SOCIETY

PUBLISHERS OF THE BIBLE STUDENTS ASSOCIATION

GENERAL OFFICES:
117 ADAMS STREET
BROOKLYN
NEW YORK, U.S.A.

GERMAN BRANCH:
WACHTTURMSTR 1–19
MAGDEBURG
POSTSCH K : MAGDEBURG 4042

TELEPHONE: MAGDEBURG 405 56, 405 57, 405 58
RADIO AND CABLE ADDRESS: WATCHTOWER MAGDEBURG

Sehr verehrter H e r r R e i c h s k a n z l e r !

Am 25. Juni 1933 tagte in Berlin in der Sporthalle Wilmersdorf eine ca
5000 Personen umfassende und mehrere Millionen Deutscher repräsentierende Vertreterkonferenz der Bibelforscher Deutschlands (Zeugen Jehovas), welche bereit
seit vielen Jahren Freunde und Anhänger dieser Bewegung sind. Der Zweck dieser
von den Abgeordneten der einzelnen Bibelforschergemeinden Deutschlands besucht
Tagung war, Mittel und Wege zu finden, um dem Herrn Reichskanzler und den übrigen hohen Regierungsbeamten des Deutschen Reiches sowohl, als allen Länder-
regierungen Kenntnis zu geben von folgendem:

Gegen eine auf dem Boden positiven Christentums stehende Vereinigung
ernster, christlicher Männer und Frauen wurden und werden in einzelnen Landes-
teilen Massnahmen ergriffen, die in ihrem Ursprung lediglich als die - diese Verfolgung
von Christen durch andere Christen anzusprechen sind, weil die - diese Massnahme
auslösenden - gegen uns erhobenen Anschuldigungen meistens von klerikaler, besonders katholischer Seite aus erhoben wurden und unwahr sind.

Absolut überzeugt von der völligen Objektivität der die Angelegenheit
bearbeitenden Regierungsstellen und Beamten, ersehen wir trotz allem, dass -
einerseits wohl wegen des Umfanges unserer Literatur und andererseits wegen
starker Inanspruchnahme der betreffenden Sachbearbeiter - der Inhalt unserer Literatur und der Sinn unserer Bewegung grösstenteils falsch beurteilt wird, und
zwar nach dem, was unsere religiösen Gegner - Vorurteil bewirkend - gegen uns
vorbringen.

Darum ist das auf dieser Konferenz Besprochene in beigefügter Erklärung
der Watch Tower Bible and Tract Society niedergelegt, um es Ihnen, Herr Reichskanzler, sowie den hohen Regierungsstellen des Deutschen Reiches und der Länder
zu überreichen als Dokumentierung der Tatsache, dass die Bibelforscher Deutschlands als einziges Ziel ihrer Arbeit nur beabsichtigen, die Menschen zu Gott zu
ruckzuführen und den Namen Jehovas, des Allerhöchsten, des Vaters unseres Herrn
und Erlösers Jesus Christus, auf Erden zu bezeugen und zu ehren. Wir wissen be
stimmt, dass Sie, Herr Reichskanzler, solche Tätigkeit nicht stören lassen werden

Die Bibelforschergemeinden Deutschlands und ihre Glieder sind allgemein bekannt als Hort wahrhafter Ehrfurcht vor dem Allerhöchsten und als eifrig
Pfleger sorgsamer Bibelforschung. Örtliche Polizeibehörden werden immer bestätigen müssen, dass Bibelforscher absolut zu den ordnungliebenden und -erhaltende
Elementen des Landes und Volkes zu zählen sind. Ihre einzige Mission ist Werbung
der Menschenherzen für Gott.

Die Watch Tower Bible and Tract Society ist die organisierende Missions-
zentrale der Bibelforscher (für Deutschland: Sitz Magdeburg).

Das Brooklyner Präsidium der Watch Tower-Gesellschaft ist und war seit
jeher in hervorragendem Masse deutschfreundlich. Aus diesem Grunde wurden im
Jahre 1918 der Präsident der Gesellschaft und die sieben Glieder des Direktoriums
in Amerika zu 80 Jahren Zuchthaus verurteilt, weil der Präsident sich weigerte,

i von ihm in Amerika geleitete Zeitschriften zur Kriegspropaganda gegen
tschland zu gebrauchen. Diese zwei Zeitschriften „The Watch Tower" und „Bible
dent" waren die beiden einzigen Zeitschriften Amerikas, die eine Kriegspropa-
da gegen Deutschland verweigerten und darum während des Krieges in Amerika
h verboten und unterdrückt wurden.

In gleicher Weise hat sich das Präsidium unserer Gesellschaft in den
zten Monaten nicht nur geweigert, an der Greuelpropaganda gegen Deutschland
lzunehmen, sondern hat sogar dagegen Stellung genommen. wie dies auch in der
gefügten Erklärung unterstrichen wird durch den Hinweis, dass die Kreise,
che diese Greuelpropaganda in Amerika leiteten (Geschäftsjuden und Katho-
en), dort auch die rigorosesten Verfolger der Arbeit unserer Gesellschaft und
es Präsidiums sind. Durch diese und andere in der Erklärung enthaltenen Fest-
ellungen soll die Zurückweisung der Verleumdung. Bibelforscher würden durch die
en unterstützt, erfolgen.

Die Vertreterkonferenz dieser fünftausend Delegierten nahm mit grosser
riedigung Kenntnis von der durch den Herrn Regierungspräsidenten zu Magdeburg
folgten Feststellung, dass die von unseren kirchlichen Gegnern behauptete Be-
hung zwischen Bibelforschern und Kommunisten oder Marxisten nicht erweisbar
i (also auch eine Verleumdung ist). Ein diesbezüglicher Pressebericht, ent-
lten in der Magdeburger Tageszeitung Nr. 104 vom 5. Mai 1933, lautet:

Eine Erklärung der Regierung zur Besetzung des Bibelforscher-Hauses. — Die Pressestelle der Regierung teilt mit: „Die
polizeiliche Besetzung des Grundstücks der „Vereinigung der ernsten Bibelforscher" in Magdeburg ist am 29. April auf
gehoben worden, weil kein belastendes Material hinsichtlich der behaupteten kommunistischen Betätigung gefunden worden ist."

Ferner: Magdeburger Tageszeitung Nr. 102 vom 3. Mai 1933:

„Vom Büro der Bibelforschervereinigung wird uns mitgeteilt, dass die Aktion, die von der Polizei gegen die Wachtturmgesellschaft und Bibelforschervereinigung eingeleitet wurde, inzwischen gänzlich aufgehoben worden ist. Ferner wurde
alles freigegeben, da die sorgfältig durchgeführte Durchsuchung ergab, dass sich die Gesellschaften weder in politischer
noch in krimineller Hinsicht irgend etwas zuschulden kommen liessen, und weil weiter festgestellt wurde, dass die
beiden Gesellschaften absolut unpolitisch und streng religiös sind. —
Von der Regierung wurde uns auf Anfrage die Richtigkeit dieser Angaben bestätigt."

Die Vertreterkonferenz dieser fünftausend Delegierten betonte, dass sie
nach dieser Sachlage unter ihrer Würde halte, sich fernerhin überhaupt noch
gen die verächtliche Verdächtigung marxistischer oder gar kommunistischer
tätigung verteidigen zu müssen. Diese widerlegten Verleumdungen unserer
ligiösen Gegner tragen eindeutig das Signum religiöser Konkurrenz, die einen
rlichen Mahner statt mit Gottes Wort, mit dem wenig schönen Mittel der Ver-
umdung erdrosseln möchte.

Weiter wurde auf dieser Konferenz der fünftausend Delegierten - wie in
r Erklärung ausgedrückt - festgestellt, dass die Bibelforscher Deutschlands
r dieselben hohen ethischen Ziele und Ideale kämpfen, welche die nationale
gierung des Deutschen Reiches bezüglich des Verhältnisses des Menschen zu Gott
oklamierte, nämlich: Ehrlichkeit des Geschöpfes gegenüber dem Schöpfer!

Auf der Konferenz wurde festgestellt, dass in dem Verhältnis der Bibel-
rscher Deutschlands zur nationalen Regierung des Deutschen Reiches keinerlei
gensätze vorliegen, sondern dass im Gegenteil - bezüglich der rein religiösen,
politischen Ziele und Bestrebungen der Bibelforscher - zu sagen ist, dass
ese in völliger Übereinstimmung mit den gleichlaufenden Zielen der nationalen
gierung des Deutschen Reiches sind.

Unter Berufung auf die angeblich harte Sprache unserer Literatur er-
lgten einige Verbote unserer Bücher. Die Konferenz der fünftausend Delegierten
rwies dazu auf den Umstand, dass der beanstandete Inhalt der Bücher doch nur
zug nimmt auf Zustände und Handlungen im Anglo-Amerikanischen Weltreich, und
ass dieses - speziell England - doch für den Völkerbund und die auf Deutschland
elegten ungerechten Verträge und Lasten verantwortlich zu machen ist. Das im
igen Sinne unserer Literatur Gesagte richtet sich also doch - einerlei, ob in
inanzieller, politischer oder ultramontaner Beziehung - gegen die Bedrücker des
utschen Volkes und Landes, aber doch nicht gegen das sich gegen diese Lasten
träubende Deutschland, so dass die erfolgten Verbote absolut unverständlich
ind.

Für diejenigen deutschen Ländergruppen, in denen sogar Verbote der Bibelforscher-Gottesdienste, Verbote ihrer Gebetsversammlungen usw. vorliegen, und die seit vielen Wochen auf eine gerechte Lösung dieses, ihr religiöses Leben knebelnden Zustandes warten, wurde folgendes ausgedrückt:

Wir wollen auch weiterhin den erlassenen Verbotsanordnungen Folge leisten; denn wir sind gewiss, dass der Herr Reichskanzler bzw. die einzelnen hohen Landesregierung diese Massnahmen - durch welche zehntausende christliche Männer und Frauen schliesslich einem dem Urchristen-Leiden vergleichbaren Märtyrertum verfallen müssten - nach Kenntnis der wirklichen Sachlage aufheben werden.

Endlich bekundete diese Konferenz der fünftausend Delegierten, dass die Bibelforscher- bzw. die Watch-Tower-Organisation eintritt für die Aufrechterhaltung von Ordnung und Sicherheit des Staates, sowie für die Forderung der vorerwähnten, auf religiösem Gebiet liegenden hohen Ideale der nationalen Regierung. Um hiervon vor allen Dingen dem Herrn Reichskanzler, als dem Führer des Volkes, und den übrigen hohen Regierungsbeamten des Deutschen Reiches und der Länder Kenntnis zu geben, wurde das vorstehend kurz Gesagte in anliegender Erklärung ausführlich niedergelegt.

Diese beigefügte Erklärung wurde vom Sekretär der fünftausend Delegierten der Bibelforscherkonferenz vorgelesen und von dieser einstimmig gebilligt und angenommen mit dem Auftrag, je ein Exemplar dieser Erklärung zusammen mit diesem Versammlungsbericht dem Herrn Reichskanzler und den übrigen hohen Regierungsbeamten des Reiches und der Länder zu überreichen.

Dies geschieht hierdurch mit der ergebenen Bitte, dem in der Erklärung zum Ausdruck gebrachten Ansuchen geneigtest entsprechen zu wollen:

Nämlich, einer Kommission aus unserer Mitte Gelegenheit zu geben zur verantwortlichen Darlegung des wahren Sachverhalts vor dem Herrn Reichskanzler oder dem Herrn Reichsminister des Innern persönlich. Andernfalls wolle der Herr Reichskanzler eine Kommission von Männern bestimmen, die nicht durch religiöse Vorurteile gegen uns eingenommen sind, also von Männern, die selbst nicht beruflich religiös interessiert sind, sondern die wirklich nur - den für solche Fälle geltenden gerechten und vom Herrn Reichskanzler selbst aufgestellten Grundsätzen entsprechend - unsere Angelegenheit vorurteilslos prüfen würden. Mit diesen Grundsätzen meinen wir das in Punkt 24 des Programms der Nationalsozialistischen Deutschen Arbeiterpartei Gesagte:

„Wir fordern die Freiheit aller religiösen Bekenntnisse im Staat, soweit sie nicht dessen Bestand gefährden oder gegen das Sittlichkeits- und Moralgefühl der germanischen Rasse verstossen.

Die Partei als solche vertritt den Standpunkt eines positiven Christentums, ohne sich konfessionell an ein bestimmtes Bekenntnis zu binden. Sie bekämpft den jüdisch-materialistischen Geist in und ausser uns und ist überzeugt, dass eine dauernde Genesung unseres Volkes nur erfolgen kann von innen heraus---"

Wir sind fest überzeugt, dass - wenn man uns religiös vorurteilslos erstens nur nach Gottes Wort und zweitens diesen angeführten Programmpunkten nach beurteilt - die nationale Regierung Deutschlands keinerlei Ursache finden wird, unsere Gottesdienste oder unsere Missionstätigkeit zu hindern.

In Erwartung einer baldigen gütigen Zusage, und mit der Versicherung unserer allergrössten Hochachtung, sind wir, sehr verehrter Herr Reichskanzler,

ergebenst

Watch Tower Bible and Tract Society
Magdeburg

Kohl, Hitlers persönlichen Anwalt bei dem gescheiterten Putschversuch von 1923, zu ihrem Rechtsbeistand machten.

Am 24. Juni 1933 wurden Jehovas Zeugen verboten. Für die Nazis waren sie Teilnehmer einer »jüdisch-bolschewistischen Weltverschwörung«. Ein unsinniger Vorwurf, hatten doch gerade Jehovas Zeugen in ihrer Erklärung vom 25. Juni 1933 unverhohlenen Antisemitismus gepredigt. Wahrscheinlich war es eher der amerikanische Hintergrund der Sekte, der den Nazis unheimlich war. Oder die straffe Organisation, die ihnen in ihrer diktatorischen Hierarchie wie das Spiegelbild der NSDAP erscheinen mußte. Auch der Vorwurf, daß die Bibelforscher der bolschewistischen Weltrevolution dienten, war schlicht Blödsinn. Für Karl Marx war Religion »Opium des Volkes«, und Lenin betrachtete »alle heutigen Religionen und Kirchen, alle und jedwede religiösen Organisationen stets als Organe der bürgerlichen Reaktion, die dem Schutz der Ausbeutung und der Betäubung der Arbeiterklasse dienen«. Außerdem war die Wachtturm-Gesellschaft ein antikommunistischer Zusammenschluß von Reaktionären.

Verhaftungen und Mißhandlungen, Einweisungen in Gefängnisse und KZs waren an der Tagesordnung. Tausende wurden eingesperrt, weil sie Wehrdienst oder Führergruß verweigerten. Andere, weil sie trotz Verbots predigten.

Im Gegensatz zu den Juden hat es für Jehovas Zeugen aber nie einen Vernichtungsbefehl gegeben. Man wollte die Gläubigen vielmehr zur Aufgabe ihrer religiösen Haltung zwingen. Nach der Einlieferung ins KZ präsentierte man ihnen eine »Erklärung«, mit deren Unterschrift sie die Bibelforschervereinigung

189

als eine Organisation bezeichnen sollten, die »eine Irrlehre verbreitet und mit dem Deckmantel religiöser Betätigung lediglich staatsfeindliche Ziele verfolgt . . . «. Wer diese Erklärung unterschrieb, konnte das Konzentrationslager als freier Mann verlassen. Wie wenig kannten doch die Nazis Jehovas Zeugen! Kaum einer der einfachen Gläubigen nahm dieses Angebot an und brach damit die »Treue gegenüber Jehovas Organisation«.

Rudolf Höß, Lagerkommandant von Auschwitz, schrieb über Jehovas Zeugen: »Mit einer Verklärung und Verzückung standen sie vor der Holzwand des Kugelfangs, die nichts mehr Menschliches an sich hatte. So stellte ich mir die ersten christlichen Märtyrer vor, wie sie in der Arena auf das Zerrissenwerden durch wilde Bestien warteten. Mit völlig verklärtem Gesicht, die Augen nach oben gerichtet, die Hände zum Gebet gefaltet und erhoben gingen sie in den Tod. Alle, die dies Sterben sahen, waren ergriffen, selbst das Exekutionskommando war benommen.«

Der Fanatismus der Zeugen Jehovas beeindruckte sogar den Reichsführer der SS, Heinrich Himmler. Rudolf Höß: »Bei vielen Gelegenheiten wiesen Himmler sowie Eicke immer wieder auf diesen gläubigen Fanatismus der Bibelforscher hin als Vorbild. Genauso fanatisch, so unerschütterlich wie der Bibelforscher an Jehova glaubte, genauso müsse der SS-Mann an die Idee des Nationalsozialismus, an Adolf Hitler glauben . . . Nur durch Fanatiker, die gewillt sind, ihr Ich ganz aufzugeben für ihre Idee, könne eine Weltanschauung getragen und auf Dauer gehalten werden.«

SS-Reichsführer Himmler hatte seine Pläne mit Jehovas Zeugen. Er wollte die Lehren der Wachtturm-Ge-

sellschaft zur Staatsreligion in der Sowjetunion machen, von der Himmler damals noch glaubte, sie bald
erobern zu können. In einem Brief vom 21. Juli 1944
teilte er seinem Sicherheitsdienstchef Kaltenbrunner
seine Pläne mit: »Jeder Gedanke, eine Art Nationalsozialismus einzuführen, ist Wahnsinn. Die Menschen müssen jedoch eine Religion oder Weltanschauung haben. Die Orthodoxe Kirche zu unter-
stützen und wieder aufleben zu lassen wäre falsch,
da sie immer wieder die Organisation der nationalen
Sammlung sein wird. Die Katholische Kirche herein-
zulassen wäre mindestens ebenso falsch. Es erübrigt
sich jedes Wort zur Begründung dieser Ansicht. Es
muß von uns jede Religionsform und Sekte unterstützt werden, die pazifierend wirkt. Bei allen Turk-
völkern kommt die buddhistische Glaubenslehre in
Betracht, bei allen anderen Völkern die Lehre der Bibelforscher. Die Bibelforscher haben bekanntlich folgende für uns unerhört positive Eigenschaften: Abgesehen davon, daß sie den Kriegsdienst und die Arbeit für den Krieg, also den Einsatz für irgendeine —
wie sie es bezeichnen — abbauende Betätigung, ver-
weigern, sind sie schärfstens gegen die Juden und gegen die Katholische Kirche und den Papst eingestellt.
Ferner sind sie unerhört nüchtern, trinken und rauchen nicht, sind von emsigem Fleiß und von großer
Ehrlichkeit, sie halten das gegebene Wort.«
Grundlage von Himmlers Auffassung war das Verhalten der Zeugen Jehovas in den Konzentrationslagern. Jede Arbeit, mit Ausnahme von Rüstungspro-
duktion, verrichteten sie mit größtem Eifer. Sie waren absolut zuverlässig, ja, sie hielten sogar die Mitgefangenen zur Arbeitsdisziplin an, wenn man sie
als Führer eines Arbeitstrupps einsetzte. SS-Leute

beschäftigten deshalb besonders gerne Bibelforscher für die Hausarbeit in ihren Unterkünften.

Zur selben Zeit, als deutsche Brüder wegen Wehrdienstverweigerung in die Konzentrationslager mußten, marschierten ihre Schweizer Glaubensgefährten mit Gewehr und Uniform durch das Alpenland. Beides geschah auf Anordnung der Wachtturm-Führer. In der Schweizer Zeugen-Zeitschrift »Trost« (heute »Erwachet!«) hieß es am 1. Oktober 1943 zur Erklärung: »Hunderte unserer Mitglieder und Glaubensfreunde haben ihre militärischen Pflichten erfüllt und erfüllen sie weiterhin. Wir haben uns nie angemaßt und werden uns nie anmaßen, in dieser militärischen Pflichterfüllung eine Zuwiderhandlung gegen die Grundsätze und Bestrebungen der Vereinigung Jehovas Zeugen ... zu erblicken.« Während Sektenmitglieder in aller Welt der Forderung nachkamen, »kompromißlos für Jehova einzutreten, auch wenn wir deshalb persönliche Schwierigkeiten bekommen«, machte die Schweizer Sektenleitung unter ihrem Präsidenten Gammenthaler Kompromisse. Sie spielten in der Schweiz wehrbereite Patrioten, um nach der Zerschlagung der Sekte in Deutschland nicht auch die Schweizer Europazentrale zu gefährden. Deren Existenz lag ihnen sehr am Herzen, denn von dort aus zog man nun die Fäden in Europa. Und bei Einhaltung religiöser Grundsätze wie die in der Schweiz hart bestrafte Wehrdienstverweigerung rechnete man mit der Beschlagnahme der Berner Zentrale. Darum gaben Jehovas Zeugen dort eines ihrer »unumstößlichen« Dogmen auf. Die Glaubensbrüder in Deutschland waren ihnen dieses Opfer nicht wert. Dabei hätte ein Wort der Sektenführer genügt, das Blutbad zu verhindern. Aber die schwiegen. So starben 2000 Sektenmitglieder in den Konzentrationslagern, brauchbare Märtyrer für den »Göttlichen Kanal« im fernen und sicheren New York, »Beweise für die unbeugsame Haltung der Zeugen Jehovas«.

Erst drei Jahre nach Ende des Zweiten Weltkrieges, am 15. Januar 1948, rückte die Leitung der Sekte im »Wachtturm« vom Verhalten der Schweizer Führung ab, ohne darin aber ein Wort darüber zu verlieren, warum die New Yorker Zentrale diese Doppelzüngigkeit fünf Jahre lang duldete: »Zum Beispiel nahm es das Schweizer Büro auf sich, in der Ausgabe von ›Trost‹ vom 1. Oktober 1943 (Schweizer Ausgabe von Consolation), also während der zunehmenden Bedrängnis des letzten Weltkrieges, als die politische Neutralität der Schweiz bedroht zu sein schien, eine Erklärung zu veröffentlichen, in welcher ein Satz wie folgt lautete: ›Hunderte unserer Mitglieder und Glaubensfreunde haben ihre militärischen Pflichten erfüllt und erfüllen sie weiterhin.‹ Diese einlullende Erklärung hatte sowohl in der Schweiz als auch in gewissen Teilen Frankreichs Beunruhigung hervorgerufen. Unter herzlichem Beifall legte nun Bruder Knorr als Präsident mutig dar, daß diese Worte der Erklärung abgelehnt werden, weil sie nicht die Stellung der Gesellschaft dartun und nicht in Harmonie sind mit den christlichen Grundsätzen, wie sie in der Bibel deutlich enthalten sind.«

Worin der Mut Knorrs bestanden hat, drei Jahre nach Beendigung des Weltkrieges und fünf Jahre nach Veröffentlichung der Schweizer Erklärung davon abzurücken, mag der Himmel wissen. Im Hinblick auf die Opfer der Nazidiktatur hat es sich bei dem Verhalten der Sektenbosse um ein eindeutiges, ja sogar ein

Erklärung

Jeder Krieg bringt namenloses Leid über die Menschheit. Jeder Krieg bringt Tausende, ja Millionen von Menschen in schwere Gewissensnot. Das gilt besonders auch vom jetzigen Krieg, der keinen Erdteil verschont und in der Luft, zu Wasser und zu Lande ausgetragen wird. Es ist unvermeidlich, daß in solchen Zeiten nicht nur einzelne Menschen, sondern auch Gemeinschaften aller Art ungewollt verkannt oder auch bewußt falsch verdächtigt werden.

Auch uns Zeugen Jehovas ist dieses Schicksal nicht erspart geblieben. Wir werden als eine Vereinigung hingestellt, die bezwecke oder deren Tätigkeit darauf gerichtet sei, „die militärische Disziplin zu untergraben, insbesondere Dienstpflichtige zum Ungehorsam gegen militärische Befehle, zur Dienstverletzung, zur Dienstverweigerung oder zum Ausreißen zu bewegen oder zu verleiten."

Eine solche Auffassung kann nur vertreten, wer Geist und Wirken unserer Gemeinschaft völlig verkennt oder sie wider besseres Wissen böswillig entstellt.

Wir stellen ausdrücklich fest, daß unsere Vereinigung weder gebietet noch empfiehlt, noch sonst in irgendeiner Weise nahelegt, gegen militärische Vorschriften zu handeln. Derartige Fragen werden weder in unseren Versammlungen noch in den von der Vereinigung herausgegebenen Schriften behandelt. Wir beschäftigen uns überhaupt nicht mit solchen Fragen. Wir erblicken unsere Aufgabe darin, für Jehova Gott Zeugnis abzulegen und allen Menschen die biblische Wahrheit zu verkündigen. Hunderte unserer Mitglieder und Glaubensfreunde haben ihre militärischen Pflichten erfüllt und erfüllen sie weiterhin.

Wir haben uns nie angemaßt und werden uns nie anmaßen, in dieser militärischen Pflichterfüllung eine Zuwiderhandlung gegen die Grundsätze und Bestrebungen der Vereinigung Jehovas Zeugen, wie sie in ihren Statuten niedergelegt sind, zu erblicken. Wir bitten alle unsere Mitglieder und Glaubensfreunde, bei der Verkündigung der Botschaft vom Königreiche Gottes (Matthäus 24:14) sich nach wie vor streng auf die Verkündigung der biblischen Wahrheiten zu beschränken und alles zu vermeiden, was Anlaß zu Mißverständnis geben oder gar als Aufforderung zum Ungehorsam gegen militärische Vorschriften mißdeutet werden könnte.

Vereinigung Jehovas Zeugen der Schweiz
Der Präsident: Ad. Gammenthaler
Der Sekretär: D. Wiedenmann

Bern, den 15. September 1943.

Consolation — German edition
Semi-monthly — Halbmonatlich

Vol. XXI, Nr. 505

Die Nummer: 20 Rp.

1. Oktober

mörderisches Kalkül gehandelt. Es ist unwahrscheinlich, daß der Schweizer Sektenchef Gammenthaler die Leitende Körperschaft fünf Jahre lang an der Nase herumführte, reagiert die Brooklyner Leitung doch sonst sogar bei kleinen Disharmonien sofort. Außerdem druckte man die Erklärung Gammenthalers im »Trost« ab, womit sie spätestens ein paar Wochen nach der Veröffentlichung auch in Brooklyn gelesen wurde.

Daß ausgerechnet die beiden höchsten deutschen Sektenführer nach dem Krieg, Erich Frost und Konrad Franke, nicht unbeugsam blieben und ihre Gesinnungsgenossen an die Gestapo verrieten, hat die Wachtturm-Gesellschaft bis heute nicht zugegeben. Erich Frost, Reichsdiener der Wachtturm-Gesellschaft, wurde am 21. März 1937 von der Gestapo verhaftet. Einer seiner Bezirksdiener hatte ihn verpfiffen. Aus Wut darüber verriet er in den anschließenden Verhören alle ihm bekannten Funktionäre an die Geheime Staatspolizei.

Unter ihnen waren auch die Frost-Mitarbeiterin Ilse Unterdörfer und die aktiv illegal arbeitende Elfriede Löhr. Beide Frauen kamen später ins Frauen-KZ Ravensbrück.

Zwar kam »Väterchen Frost«, wie die unwissenden Brüder den geselligen Zeugen Jehovas später nannten, nach drei Jahren Gefängnis ins KZ Sachsenhausen, wurde dort aber bevorzugt behandelt. Der ehemalige Kaffeehaus-Musikus brachte dem Sohn des Lagerkommandanten das Klavierspielen bei und war bei den Festen der SS der »musikalische Gesellschafter des Lagerkommandanten«. Nach dem Krieg war er bis 1955 Zweigdiener, ranghöchster Zeuge Jehovas in der Bundesrepublik.

Ad. II B

Verhandelt!

Vorgeführt erscheint Erich Frost, geboren 22. 12. 00 zu Leipzig, ohne festen Wohnsitz, und erklärt:

Ich stehe jetzt im 36. Lebensjahr und bin seit 1922 Zeuge Jehovas. Die diesbezügliche Taufe habe ich am 4. März 1922 erhalten. Wer mich getauft hat, kann ich heute nicht mehr angeben. Ich will hierbei bemerken, daß auch meine Eltern bereits um diese Zeit Bibelforscher, wie wir uns früher nannten, waren.
Nachdem Balzereit, festgenommen war und an seiner Stelle der Glaubensbruder Winkler das deutsche Werk der Zeugen Jehovas leitete, befand ich mich in der Tschechoslowakei, wo ich das Schöpfungsdrama aufführte. An dem Luzerner Kongreß im September 1936 habe ich teilgenommen und wurde von Richter Rutherford an Stelle des festgenommenen Winkler mit der Leitung des deutschen Werkes unter Anlehnung an das Prager Büro, dem der Bruder D w e n g e r vorsteht, beauftragt. In Luzern fand daraufhin eine Konferenz statt, die sich lediglich mit der Weiterführung des deutschen Werkes befaßte. Es fand eine Neueinteilung der Bezirke in Deutschland statt, die von folgenden Brüdern übernommen wurde.

Georg R a b e. Bezirksdiener für
        1. Ostpreussen
        2. Westpreussen
        3. Pommern
        4. Mecklenburg.

Artur N a w r o t h. Bezirksdiener für
        1. Ostschlesien
        2. Grenzmark.

August F e h s t. Bezirksdiener für
        1. Westschlesien
        2. Sachsen (östlich der Elbe), nach der Festnahme des Bezirksdieners
           Wilhelm E n g e l, festgenommen im Dezember 36 oder Januar 37.

Otto D a u t h. Bezirksdiener für
        1. Berlin
        2. Mark Brandenburg.

Fred M e i e r. Bezirksdiener für
        1. Westsachsen bis einschließlich Anhalt.

Walther F r i e s e. Bezirksdiener für
        1. Thüringen
        2. Harzgebiet
        3. Hannover.

Heinrich D i t s c h i. Bezirksdiener für
        1. Schleswig-Holstein
        2. Oldenburg
        3. Ruhrgebiet, Westfalen.

Albert W a n d r e s. Bezirksdiener für
           1. Rheinland
           2. Baden
           3. Württemberg.

Karl S i e b e n e i c h l e r. Bezirksdiener für
               1. Bayern.

Über eine direkte Einteilung der Bezirke in sogenannte Unterbezirke bin ich nicht genau orientiert. Bekannt ist mir lediglich, daß in den großen Bezirken von D i t s c h i und W a n d r e s Mitarbeiter bzw. sogenannte Unterbezirksdiener tätig waren.
Für D i t s c h i kommen hierfür in Frage:
1. L ü d e n s c h l o ß , Vorname vermutlich Ernst.
2. F e n n h o f e n , die Schreibweise seines Namens und sein Vorname sind mir nicht bekannt; er heißt mit Vornamen vermutlich Erich; Ditschi sprach immer von einem Erich.
Für W a n d r e s kommen hierfür in Frage:
1. S c h l ö m e r , vermutlich Hermann.
2. S t i c k e l , Ludwig.

Soweit in den einzelnen Bezirken keine Unterbezirke eingerichtet waren, wurde diese einzelnen Bezirke organisatorisch in Gruppen und diese wiederum in Zellen eingeteilt.

Dann machte Frost Angaben über seine Mitarbeiter im einzelnen. Über den damals noch illegal arbeitenden Bezirksdienstleiter oder Bezirksleiter August Fehst sagte er aus:

Den Bezirksdiener August F e h s t kenne ich seit dem Jahre 1931. Ich war früher mit ihm in der Tschechoslowakei als Bibelforscher tätig. Seine Wohnung ist mir nicht bekannt. In Deutschland muß er sich mindestens 1 Jahr lang ohne feste Wohnung aufhalten. Auch er war mit in Luzern, seit dieser Zeit ist er der Bezirksdiener für Westschlesien und Ostsachsen. F e h s t lieferten bei den bekannten Treffs in Berlin wenig oder überhaupt kein Geld ab, im Gegenteil, er ließ sich von mir noch größere Beträge aushändigen, die er zur Bezahlung der Schmuggler, welche ihm verbotene Literatur der illegalen IBV aus der Tschechoslowakei nach Deutschland brachten, benötigte. Ausserdem benötigte er viel Geld zur Versendung dieses Schriftmaterials an die Deckadressen der einzelnen Bezirksdiener. Nur in einem Falle in Berlin am 6. März 37 übergab mir F e h s t einen Betrag von ca. 500,— RM. Quittungen über alle mir ausgehändigten Gelder wurden nicht ausgestellt. Das trifft in jedem Falle zu. Fehst selbst verschaffte sich die Literatur aus der Tschechoslowakei durch den Glaubensbruder W a g n e r aus Warnsdorf/CSR. Durch Wagner stand Fehst in ständiger Verbindung mit dem Zweigbüro der IBV in Prag wegen Belieferung von IBV-Literatur. Schätzungsweise sind durch Wagner 40 000 Bücher und Broschüren der IBV über die Grenze bei Spindlersmühle im Riesengebirge sowie bei Warnsdorf (Zittauer Gebirge) gebracht worden. F e h s t übernahm diese Sendungen und verschickte sie an die einzelnen Deckadressen der anderen 6 Bezirksdiener. Einen Teil der Literatur hielt Fehst für seinen Bezirk zurück. Insgesamt enthielten die Sendungen folgende Bücher und Broschüren:
1.) Das Buch »Reichtum«, etwa 900 Exemplare,
2.) Die Broschüre »Entscheidung«, etwa 35 000 Exemplare,
3.) Die Broschüre »Oberherrschaft«, etwa 2000 Exemplare,
4.) Die Broschüren »Gesundheit und Leben«, »Schlußkampf«, »Frohe Botschaft« u.a. mehr, etwa 2 bis 3000.
Außerdem wurden noch in der Zeit von 6 Monaten etwa 3 bis 4000 »Goldene Zeitalter« aus der Tschechoslowakei durch W a g n e r über die Grenze geschmuggelt. Diese Zeitschriften brachte F e h s t mit zu den Treffs in Berlin, wo sie an die einzelnen Bezirksdiener verteilt wurden. Die gesamte Literatur ist in Bern/Schweiz gedruckt worden, von dort

aus wurde es unentgeltlich nach Prag an das Zweigbüro der IBV geliefert. Auch wir in Deutschland erhielten diese Literatur ohne Bezahlung. F e h s t hatte lediglich eine Vergütung für die Schmuggler zu zahlen, die ihm von mir aus ausgehändigt wurde.

August Fehst hielt u. a. auch noch die Verbindung mit dem WTG-Büro in der Schweiz aufrecht. Er muß im Sommer 1939 verhaftet worden sein. Aus Berlin überlieferte Frost der Gestapo u. a. die Herstellerin der illegalen WTG-Literatur, Ida Strauß. Auch ihren Decknamen nannte er:

Bei meinen häufigen Zusammenkünften mit Daut befand sich die Glaubensschwester Ida S t r a u ß , die den Decknamen » M o r i t z « führte. Von Daut habe ich erfahren, daß die Strauß die Vervielfältigungen der Wachttürme herstellt.

Dem noch in Freiheit lebenden Bezirksdiener Albert Wandres setzte Frost die Gestapo mit folgenden Angaben auf die Spur:

Bezirksdiener W a n d r e s .

Meine Angaben auf Blatt 9 in der Vernehmung vom 15. 4. 37 habe ich wie folgt zu ergänzen:

Mit Wandres traf ich in Stuttgart 2 mal zusammen. Der erste Treff lag im November oder Dezember 1936. Wir trafen uns am Bahnhof und suchten die Wohnung einer Glaubensschwester auf. Den Namen der Glaubensschwester kann ich nicht angeben. Die Wohnung befindet sich schräg rüber vom Café »Olga« und zwar in der Straße, die die Olgastr. schneidet. Die Hausnummer selbst kann ich nicht angeben. Die Wohnung ist aber im 2. Stockwerk gelegen. Soweit ich mich entsinnen kann sind in diesem Grundstück keine Geschäfte untergebracht. Es handelt sich um ein reines Wohngrundstück. In der Wohnung, wozugegen waren: Bezirksdiener Wandres, sein Unterbezirksdiener Ludwig S t i c k e l aus Pforzheim, ich selbst, unterhielten wir uns über die Wahrheit und erörterten Fragen des Glaubens. Organisatorische Fragen, insbesondere, ob im Bezirk alles in Ordnung sei wurden schon auf dem Wege zu dieser Wohnung behandelt.

Bei dieser Gelegenheit möchte ich folgendes bemerken:

Gelegentlich des Haupttreffs im Januar d. Js. in Berlin teilte mir W a n d r e s mit, daß er zur Vervielfältigung eine Schreibmaschine gekauft habe. Er legte mir eine Abrechnung vor, wonach er für 240.— RM eine neue Schreibmaschine, Marke unbekannt, gekauft habe. Den Lieferanten sowie den Lieferort vermag ich nicht anzugeben, da wir uns darüber nicht unterhalten haben. Ich vermute aber, daß Wandres die fragliche Schreibmaschine in Süddeutschland gekauft hat.

Über Heinrich Ditschi, der von WTG-Präsident Rutherford 1936 in Luzern zum Nachfolger für Frost bestimmt worden war, falls dieser verhaftet wird, machte er folgende Angaben, die von der Gestapo sofort unterbrochen wurden, als er Ditschis Verbindungen nach Holland nannte, offenbar um sogleich Fahndungen einzuleiten:

Bezirksdiener D i t s c h i .

Zu meinen am 15. 4. 37 über den Bezirksdiener Heinrich D i t s c h i gemachten Angaben ergänze ich noch folgendes: Mit Ditschi war ich im Oktober 1936 und dann noch einmal im Dezember 1936 in Dortmund zusammen. Wir trafen uns beide Male vorerst auf dem Hauptbahnhof in Dortmund und gingen dann zusammen nach der Wohnung des Glaubensbruders B e i k e oder P e i k e in der Uhlandstr., Nr. unbekannt. Beike muß Inhaber einer im gleichen Grundstück gelegenen Strickerei sein, die sich im Erdgeschoß befindet. In beiden Fällen waren bei diesen Treffs anwesend: W a n d r e s , D i t s c h i , sowie der Unterbezirksdiener L ü n e n s c h l o ß vom Bezirk Ditschi und ich selbst. Bei diesen Treffs behandelten wir die Auslegung der Bibel und unterhielten uns über die Wahrheit. Der Wohnungsinhaber war nicht mit zugegen. Ich muß an dieser Stelle hervorheben, daß ich außer den abgehaltenen Andachten mich immer überzeugen wollte, ob und wie die verschiedenen Bezirksdiener überhaupt noch für die IBV arbeiten. Es konnte ja möglich

sein, daß in einigen Fällen Verhaftungen vorgenommen waren und der Bezirk dann ohne Leitung gewesen wäre. In solchen Fällen war es meine Aufgabe, einen neuen Bezirksdiener zu finden und einzusetzen.
D i t s c h i war bereits in Luzern als mein Nachfolger in dem Falle vorgeschlagen und bestimmt worden, wo ich als Reichsdiener verhaftet werde. Im Falle meiner Verhaftung hat sich Ditschi sofort in das Zweigbüro in Prag zu wenden, um weitere Weisungen entgegenzunehmen. Nebenher möchte ich noch erwähnen, daß Ditschi nach seinen Äußerungen Beziehungen zu Glaubensgeschwistern in Holland hat und mit diesen in ständiger Verbindung steht. Näheres hierüber weiß ich nicht anzugeben. Mir ist nur bekannt, daß Ditschi wiederholt mit Glaubensgeschwistern über Sterkrade mit Holland in Verbindung steht. Ich halte es für sehr wahrscheinlich, daß Ditschi wiederholt persönlich in Sterkrade war.
Die Vernehmung wird abgebrochen.

Aus München überlieferte Frost der Gestapo insbesondere die aktiv illegal arbeitende Elfriede Löhr, die später zusammen mit Frosts Mitarbeiterin Ilse Unterdörfer ins Konzentrationslager Ravensbrück kam. Frost machte folgende, betont freimütigen Angaben in dieser Sache:

Ad. II B   Berlin, den 26. April 1937.
                        Verhandelt.

Vorgeführt erscheint Erich F r o s t , Personalien bereits aktenkundig, und erklärt:
Am 6. März 1937, also am Tage des letzten Haupttreffs in Berlin, war Siebeneichler nicht zugegen. Weil wir über ihn besorgt waren, schickte ich die Ilse U n t e r d ö r f e r sofort nach München, um über Siebeneichler Erkundigungen einzuziehen. Ich übergab der Unterdörfer eine mir von Siebeneichler genannte Münchener Telefonnummer. Nach Anruf beim Inhaber dieser Nummer traf sich die Unterdörfer in München mit einer mir unbekannten Glaubensschwester, die mit Vornamen »Gertrud« hieß. Mir ist in Erinnerung, daß die Gertrud personengleich ist mit der Elfriede L ö h r aus München. Ich vermute das wenigstens so, eine nähere Begründung habe ich allerdings hierzu nicht.

Als Frost nach 1945 durch Verschweigen seiner Gestapodienste wieder auf den Posten des deutschen Zweigdieners gelangt war, sandte er Ilse Unterdörfer und Elfriede Löhr, die beide das Konzentrationslager überlebt hatten, als erste deutsche Absolventinnen 1950 zur »Gilead«-Missionarsschule der WTG in die USA.

Der in Prag im Zweigbüro der IBV tätige B a h n e r , Josef, ist Sudetendeutscher, schätzungsweise 34 Jahre alt, Bahner befindet sich für die IBV dauernd auf Reisen in der Tschechoslowakei, sein Wohnort ist Brünn, in der CSR, Straße unbekannt. Bahner war früher Offizier im Heere der CSR, er ist etwa 1,63 m groß, hat blasses Aussehen, blondes Haar. Bahner muß früher zeitweilig im Bibelhaus der Wachtturmgesellschaft in Magdeburg beschäftigt gewesen sein. Von Beruf ist er m. W. Kaufmann.
Heinrich D w e n g e r ist der frühere Leiter der Dienstabteilung der W. T.-Gesellschaft in Magdeburg gewesen. Er war dort viele Jahre tätig und ist Reichsdeutscher. Ich schätze ihn auf 45 Jahre, er wird 1,70 m groß sein, trägt kurzgeschnittenen Schnurrbart, hat Haare von bräunlicher Farbe, gescheitelt. Dwenger ist unverheiratet und in seiner Art ein Sonderling. Bei dieser Gelegenheit möchte ich angeben, daß die mir gefundenen schweizer Francs, es können etwa über 50 gewesen sein, von dem Bezirksdiener W a n d r e s stammen, der sie mir im Februar dieses Jahres in Berlin beim Haupttreff übergeben hatte. Wandres erhielt diese Francs von süddeutschen Glaubensgeschwistern, die zum Kongreß in Luzern waren und das Geld nicht restlos verbraucht hatten. Die Francs hatten die Glaubensgeschwister als G.H.-Gelder dem Deutschen Werke zur Verfügung gestellt. Wenn ich nicht verhaftet worden wäre, hätte ich die Francs bei der Reichsbank eingetauscht. Bisher hatte ich dazu noch keine Gelegenheit gefunden,
v. g. u.   *Erich Frost.*

Ilse Unterdörfer und Elfriede Löhr, die das KZ Ravensbrück überlebten, schickte er als erste deutsche Absolventinnen 1950 auf die »Gilead-Missionsschule« der Wachtturm-Gesellschaft nach South-Lansing. Weit entfernt von Deutschland konnten sie dem Sektenboß, der seine Rolle als Gestapo-Informant verschwieg, nicht mehr gefährlich werden.

Die wahre Identität des musikalischen Sektenführers drang erstmalig am 19. Juli 1961 an die Öffentlichkeit. Damals beschrieb »DER SPIEGEL« unter der Überschrift »Väterchen Frost« dessen Doppelzüngigkeit bei der Schilderung seiner Erlebnisse unter der Nazidiktatur. Erst ein paar Wochen vor dem »Spiegel«-Artikel hatte Frost seine Haltung im Nazireich nämlich als Heldenepos im »Wachtturm« beschrieben. Der Einstieg begann furios: »Am 21. März, um 2 Uhr morgens, dröhnen heftige Schläge und Fußtritte gegen die Wohnungstür. Binnen weniger Sekunden lasse ich ein dünnes Papierröllchen mit wichtigen Aufzeichnungen in der Matratze der Bettcouch verschwinden, und schon treten zehn Mann der Geheimen Staatspolizei ein: ›So, ziehen Sie sich an, Frost. Das Spiel ist aus.‹«

Frost, den man nach eigenen Aussagen mehrmals schlug, »rief aber unablässig Jehova um Hilfe an, damit ich um der Brüder willen schweigen könnte«. In seiner blumenreichen Schilderung der Ereignisse strapazierte Frost in Vergleichen sogar die Bibel, stellte sich als neuzeitlichen »Daniel in der Löwengrube« dar.

Am Schluß des »Wachtturm«-Berichts wurde noch ein weltlicher Zeuge aufgefahren, um das »Ausharren« der christlichen Zeugen während der Nazibarbarei zu erklären. Den schwedischen Journalisten

Björn Hallström ließ Frost sagen: »Durch ihren Gott gelang es ihnen besser als allen anderen, die Dinge zu überleben.«

Die Wahrheit liegt indessen jenseits der farbenfrohen Schilderung Frosts: Er hat seine Glaubensgenossen verraten und der Gestapo ausgeliefert. Daran besteht kein Zweifel. Auch an der entschuldigenden Darstellung, Frost habe diesen Verrat vielleicht nur unter Folter begangen, muß gezweifelt werden. In einer unter Folter erzwungenen Aussage würde er den Leiter des Prager Sekten-Zweigbüros, Heinrich Dwenger, wohl kaum als »unverheirateten Sonderling« diffamiert haben.

Auch Konrad Franke wurde bei der illegalen Arbeit von der Gestapo verhaftet. Und genau wie Frost versuchte er seinen Kopf aus der Schlinge zu ziehen, indem er Glaubensbrüder verriet. Durch seine Aussagen konnte der Verbindungsmann der Sekte, Willy Ruhnau, in Danzig-Zoppot verhaftet werden. Frankes Geschwätzigkeit ging so weit, daß er den gesuchten Ruhnau bis auf die genaue Körpergröße beschrieb. Ruhnau blieb nach seiner Verhaftung verschwunden. Vermutlich wurde er von der Gestapo umgebracht.

Konrad Franke kam mit dem Leben davon. Von 1955 bis 1969 war er der Nachfolger Frosts in Deutschland. Er starb im Juli 1983 während eines Bezirkskongresses der Sekte in München. In einem »Wachtturm«-Nachruf würdigten Jehovas Zeugen Konrad Franke als einen Mann, der »unter den Verfolgungen des Hitlerregimes ausharrte«. Die Krone setzt die Wachtturm-Führung dem verlogenen Nachruf mit einem Foto auf, das den »Kämpfer« lächelnd in KZ-Sträflingskleidung zeigt.

201

Geheimes Staatspolizeiamt   Darmstadt,den 9. 9.36
-.-.-. Darmstadt .-.-.-.-.-.-

1) A 5   2) B 42797

Aus der Schutzhaft vorgeführt erklärt

         F r a n k e , Konrad

zur Wahrheit ermahnt folgendes:

     Ich sehe ein,dass ein weiteres Leugnen keinen Zweck hat. Ich bin bereit,die volle Wahrheit zu sagen,insbesondere nachdem mir Reichslei-Winkler (z.S.in Berlin in Haft) einen Brief hat zugehen lassen,in welchem er mich auffordert,die Wahrheit zu sagen,da die Polizeibehörden über meine Tätigkeit völlig informiert ist.

     Ich bin Zeuge Jehovas seit längerer Zeit,wie das in meiner Vernehmung vom 31.8. und 1.9.1936 vor der Staatspolizeistelle Mainz angegeben ist. Auf diese Vernehmungen nehme ich auch hinsichtlich meiner Einstellung dem Staat gegenüber Bezug.

     Mit der Organisation meines Bezirkes bin ich noch nicht mehr weit durchgekommen, da ich ausserhalb Mainz und Wiesbaden bei den Geschwistern unbekannt war und mich erst von einem anderen bei ihnen einführen musste. Ich habe bisher in meinem Bezirk mit folgenden Dienstleitern in Verbindung gestanden:

     1.) Frankfurt/Main S t e i n b a c h ,Valentin,Schwarzburgstr. 26

     2.) Mannheim   Karl H a a s ,   Luisenring 54

     3.) Karlsruhe   M ü h l h ä u s e r , Vorname? Grenzstr. 4

     4.) Offenburg   Albert K e r n , Lindenplatz 12

     5.) Singen   Erich A r n o l d , Hauptstr. 12

     6.) Speyer S a n d ,(Vorname u. Anschrift unbekannt)
                   Mit die em habe ich mich nur in Mannheim getroffen.

     7.) Mainz   Diesen Bezirk habe ich selbst bearbeitet.

     Diese Dienstleiter habe ich etwa monatlich einmal besucht. Die Auslagen für die Bahnfahrten habe ich mit den eingenommenen Geldern verrechnet.

     Die Wachtturm (W.T.) Abschriftenherstellung war zur der Zeit als ich den Bezirk übernahm bereits eingerichtet. Die Original W.T. wurden an den Dienstleiter (D.L.) Mühlhäuser gesandt. Absender war meines Wissens des Bibelhaus Bern/Schweiz. Die Herstellung der Abschriften wurde durch Mühlhäuser besorgt.

Bei dem letzten Treffen mit Winkler am 1.8.1936 erfuhr ich,dass in der Zeit vom 4. bis zum 7-9.36 eine Hauptversammlung in Luzern stattfinden sollte. Für diese Versammlung sollten Sonderberichte über Verhaftungen,Misshandlungen usw. von Zeugen Jehovas gegeben werden. Derartige Fälle sollten in den einzelnen Bezirken gesammelt werden. Die Berichte hierüber sollten an

                    R u b a u , Danzig

gegeben werden,der eine Woche nach Winkler die einzelnen B.D.L. besuchen wollte. Rubau kam dann auch wie verabredet auf der Durchreise nach Mainz. Hier übergab ich ihm mehrere Zettel mit Meldungen verschiedener Geschwister darüber,dass Geschwister zur Wahl angehalten worden sind.Rubau hatte ich bei einer Zusammenkunft der B.D.L. in Berlin kennengelernt. Er ist etwa 1.65 m gross,hagere Gestalt,schmales Gesicht,bartlos und trägt meines Wissens eine Brille. Er ist meiner Schätzung nach 35 Jahre alt.

     Rubau brachte mir bei dieser Gelegenheit auch ein Päckchen von den Gutscheinen zu ℳ 10.- und ℳ 5.- mit,die für die Reise der Geschwister zu der Hauptversammlung nach Luzern dienen sollten. Ich hatte daher auch schon vor dem ersten August Reisegelder von den Geschwistern,die nach Luzern fahren wollten, eingenommen. Es hatten an mich

               H a a s , Mannheim
               K e r n , Offenburg,

insgesamt gegen ℳ 200.-- aus ihren Bezirken abgeliefert,die ich am 1.8. 36 an Winkler weiterleitete.

     Ich habe die volle Wahrheit gesagt und bin auch bereit bei etwaigen Unstimmigkeiten Aufklärung zu geben.

               Selbst gelesen, genehmigt und unterschrieben
                    gez. Konrad F r a h k e

                                   Reg. Assessor Gestapa Berlin
                                       gez. L i s c h k a

Auch andere prominente Wachtturm-Führer, die der Gestapo in die Hände fielen, blieben in den anschließenden Verhören nicht stumm. Verrat war an der Tagesordnung. Währenddessen verreckte das gläubige Fußvolk in den Konzentrationslagern, hungerte und stritt über so wichtige Fragen wie die, ob man angesichts des zehrenden Hungers Blutwurst essen dürfe oder nicht.

Bei den Christen, Sozialdemokraten und Kommunisten, die sich im Widerstand gegen Hitler befanden, bezahlte ein großer Teil ihrer Führung mit dem Leben. Von den »hohen Tieren« der Wachtturm-Gesellschaft mußte aber niemand dran glauben. Die hatten es verstanden, dem religiösen Opfertod noch rechtzeitig aus dem Weg zu gehen. Nicht selten dadurch, daß sie eigene Glaubensbrüder ans Messer lieferten.

Zeugen Jehovas waren zu keiner Zeit Antifaschisten oder bewußte Gegner der Nationalsozialisten. Die Sekte hat den Charakter des Nationalsozialismus niemals durchschaut. Das beweisen die vergeblichen Annäherungsveruche der Wachtturm-Führer an Hitler ebenso wie die Reaktionen nach dem Verbot, als Jehovas Zeugen Hitler mit 20 000 Protesttelegrammen bombardierten, in denen Hitler und seiner Partei die Vernichtung durch Gott angedroht wurde, falls die Verfolgung der Sektenanhänger nicht eingestellt würde. Hatte die Führung zunächst noch versucht, sich bei den braunen Machthabern einzuschmeicheln, versuchte man es nun mit der unnötigen provokativen Drohung einer Vernichtung der Nazipartei durch Jehova. Es ist unklar, ob mit dieser fanatischen Drohgebärde die vorangegangene Eintracht mit dem Nationalsozialismus übertüncht werden sollte; jedenfalls hetzte sie die Gemeinde der Zeugen Jehovas in eine unsinnige und ergebnislose Kontroverse mit den Nazis. Unsinnig, weil ihre Demonstrationen gegen den Nazistaat, wie Verweigerung des Hitlergrußes und Kriegsdienstverweigerung, es den Nazis leichtmachten, Bibelforscher zu erkennen und »unschädlich« zu machen. Ergebnislos, weil derartiger Protest nichts bewirkte. Es war eine stille Auflehnung, ohne jede Ausstrahlung. Jehovas Zeugen selbst empfanden die Verweigerung von Kriegsdienst und Hitlergruß auch nicht als Protest. Schon gar nicht als Protest gegen ein abzulehnendes unmenschliches Regime. Wenn es die Führung verlangte, verweigerten Jehovas Zeugen solche oder ähnliche staatliche Ergebenheitsbeweise auch in anderen Ländern. Oder akzeptierten sie, wie das Beispiel Schweiz hinreichend beweist.

Die Bibelforscher waren unter dem Nationalsozialismus keine Widerstandskämpfer. Sie waren, und das sind sie auch noch heute, funktionierende Religionsroboter, die, einmal programmiert, in die befohlene Richtung marschieren, für oder gegen etwas, notfalls sogar in den eigenen Tod. In Gang gesetzt von einer kleinen Clique machtbesessener Greise im fernen New York. Diese Aussage soll nicht die Opfer schmälern, die Jehovas Zeugen im Nazireich zu beklagen hatten. Doch kommt man dem wahren Hintergrund ihres unsinnigen Opfertods nicht auf die Spur, wenn man ungeprüft die Mär vom »antifaschistischen Widerstand« der Zeugen Jehovas weitererzählt.

Daß sie trotz des Todes von 2000 Märtyrern keine Gegner der Faschisten sind, beweist auch ihr Arrangement mit der Obrigkeit in anderen faschistischen Diktaturen, zum Beispiel in Chile, Paraguay und Südkorea. Sämtliche Erscheinungsformen des Faschismus, die solche Regime vergleichbar mit dem Nazireich machen, finden Toleranz und schweigende Duldung der Wachtturm-Gesellschaft. Hauptsache, die Sekte kann dort ungestört arbeiten. So war es auch unter Hitler. In Brooklyn interessierte man sich keinen Deut für die Machenschaften der NSDAP. Erst als Hitler ihre agitatorische Religionsausübung in der Öffentlichkeit verbot, griffen sie ihn an. Das Verbot forderte ihren Zorn heraus, und die Sektenbosse in Amerika trieben ihre Zeugen in den »Widerstand«.

Mit welcher Kraut-und-Rüben-Analyse die Zeugen Jehovas den Faschismus nach seiner Zerschlagung bedachten, muß man einmal in ihren eigenen Worten lesen. In der 1946 erschienen Broschüre »Jehovas Zeugen im Feuerofen« fragen sie rhetorisch: »Gegen wen ging denn zur gleichen Zeit Hitler als Diktator zuerst vor?« Die Antwort: »In direkter Verletzung des Vertrages, der damals zwischen den Regierungen der Vereinigten Staaten und Deutschland bestand, ging Hitler gegen die Wachtturm-Gesellschaft vor.«

Und eine Seite weiter heißt es: »Dies geschah bestimmt in Erfüllung der Abmachungen mit dem Vatikan, wodurch Hitler zur Macht gelangt war.« Jetzt erfährt es also der Leser: Hitler ist im Bündnis mit der katholischen Kirche an die Macht gekommen.

Aber es kommt noch dicker: »Im Frühjahr 1940 begann das ›weltliche Schwert‹ der römisch-katholischen Hierarchie, nämlich der Naziführer Hitler, sich allen Ernstes den Weg durch Europa zu erzwingen. Dieser Weg war geebnet und gebahnt durch die unterirdische Arbeit der römisch-katholischen ›Fünften Kolonne‹. Schnell aufeinanderfolgend gerieten dabei

die Zeugen Jehovas in Norwegen, Dänemark, Luxemburg, Belgien, Holland und Frankreich unter die Macht der Naziangreifer. Indem Mussolini Frankreich in den Rücken fiel, wurde die Lage der wenigen Zeugen Jehovas in Italien gefahrvoller, weil die Nazis und Faschisten dort direkter zusammenarbeiteten. Mehr als 150 Zeugen wurden verhaftet, und einige blieben jahrelang in Gefängnissen. Dann folgte der Einfall in Griechenland und Jugoslawien, wodurch das Zeugnisgeben für Gottes gerechtes Königreich in jenen Ländern nur noch im geheimen weitergehen konnte. Daß die Nazis im Jahre 1941 Rußland den Krieg erklärten und darauf Rumänien und Bulgarien unter die Naziherrschaft brachten, wurde den rumänischen und bulgarischen Zeugen zur großen Prüfung ihrer Hingabe an Jehova und sein Königreich. Das Jahr 1940 war das 400. Jahr seit der Gründung des Jesuitenordens. Offenbar hatte die römisch-katholische Hierarchie dieses Jahr als den Zeitpunkt bestimmt, da mittels des Nazi-Polypen, der ›Fünften Kolonne‹ und der Katholischen Aktion, die Herrschaft der Welt für den Vatikan übernommen werden sollte. Genau zur Frühlingsoffensive der Nazis, vom Mai 1940 an, veranlaßte die römisch-katholische Hierarchie in überwiegend katholischen Gebieten der Vereinigten Staaten Gewaltakte des Pöbels ...
Einem Damme gleich standen die Zeugen der Hierarchie in Amerika, ihrer ›Fünften Kolonne‹ und ihren ›Anhängern der christlichen Front‹ und den Förderern der Katholischen Aktion im Wege, als sie in Amerika in Zusammenarbeit mit den Nazi-Angreifern die Herrschaft ergreifen wollten. Deswegen war auch der erste Schuß der amerikanischen ›Fünften Kolonne‹ auf sie abgezielt.«

Die Machtergreifung Hitlers — ein Komplott zwischen Nazipartei und katholischer Kirche? Hitler — der Generalfeldmarschall des Vatikans? Jehovas Zeugen — Retter der USA vor der Naziherrschaft?

Die »Durchleuchtung« des Nationalsozialismus durch die Zeugen Jehovas erinnert in ihrer Absurdität an die schlimmen Ausfälle Rutherfords während des Ersten Weltkrieges. Wer mit solchen haarsträubenden Thesen Geschichtsschreibung betreibt, hat nichts gelernt. Der ordnet die Geschichte und ihre Analyse den eigenen Dogmen unter, hält sich die Geschichte als Prostituierte für die Bestätigung eigener Thesen.

Die Grundlage ihrer politischen Haltung, so behauptet die Wachtturm-Gesellschaft, sei Neutralität. Dabei beruft sie sich auf Matthäus: »Jehova, deinen Gott, sollst du anbeten, und ihm allein sollst du heiligen Dienst darbringen.« Dementsprechend beteiligt sich auch kein Zeuge Jehovas an Wahlen, ist niemand in der Sekte politisch organisiert oder etwa Aktivist in einer Gewerkschaft.

Tatsächlich verhalten sich die Führer politisch nicht neutral. Auf dem rechten Auge blind, sehen sie auf dem linken dafür um so besser, manchmal sogar »Gespenster«.

In dem »Jahrbuch« der Zeugen Jehovas von 1982, wo das Predigen der guten Botschaft in Chile ausführlich behandelt wird, verbreiten sie das Märchen, daß linke Extremisten 1973 eine »drastische Maßnahme gegen Jehovas Zeugen« geplant hätten.

Dem Putsch der faschistischen Generäle um Pinochet geben sie mit ihrem Dankeschön einen Heiligenschein: »Wenn das stimmt, haben wir Grund, Jehova für seinen wunderbaren Schutz zu danken!«

Im folgenden Absatz beschreibt der »Göttliche Kanal«, was er unter der apostrophierten »Neutralität« am Beispiel Chile versteht: »In diesen spannungsreichen Tagen nach der Machtübernahme erwies sich unsere allgemein bekannte neutrale Haltung als ein Segen und Schutz. Als die Festnahme kommunistischer Aktivisten in Fabriken und Industriebetrieben bedenkliche Lücken hinterließ, wurden Zeugen oft in Schlüsselpositionen eingesetzt. Am Morgen des Staatsstreiches zum Beispiel suchten Soldaten die Wohnung eines Zeugen auf und fragten ihn, wie lange er brauchen würde, um die örtliche Ölraffinerie wieder in Betrieb zu setzen. Keinem anderen befähigten Mann war zu trauen!«

In dem 78seitigen Bericht über den chilenischen Zweig werden die Opfer des Militärputsches, die bekanntlich nach Tausenden zählen, mit keinem Satz erwähnt: kein Wort über die Leichen im Mapucho-Fluß, die Konzentrationslager in Rancagua, Concepción oder auf Dawson Island, die Gefangenen im Stadion von Santiago, kein Wort über die Ermordung des rechtmäßig gewählten Präsidenten Allende.

Wer den Zeugen-Bericht über den Staatsstreich liest, muß den Eindruck gewinnen, die Faschisten um Pinochet (»Man sagt, daß Demokratie hin und wieder in Blut gebadet werden muß, damit sie weiterhin eine Demokratie sein kann!«) haben durch einen wundersamen Eingriff Gottes geputscht, um die geplante Vernichtung der Wachtturm-Gesellschaft durch Sozialisten und Kommunisten zu verhindern.

Der Bericht über Chile ist in seiner politisch reaktionären und einseitigen Schilderung kein Einzelfall. Im »Jahrbuch« 1981 ist es El Salvador, über das in geübter Schwarzweißmanier berichtet wird. Die Herrschenden sind die Guten, die Guerillas die Bösen: »staatsfeindlich«, »eine Bedrohung«, »Randalierer«. Mehrere Seiten des Berichts sind ihrem »Terror« gewidmet, dem staatlichen Terror der Militärs und ihrer Mordkommandos dagegen nicht eine Silbe.

Damit die lesenden Brüder und Schwestern vollends wissen, mit wem sie es in El Salvador zu halten haben, gilt ein zweiseitiges Kapitel den »Opfern unter den Brüdern«. Darin wird die Ermordung von drei Brüdern farbenfroh geschildert. Die Täter: natürlich Rebellen. Für die beim Lesen erschauernden Zeugen-Leser hat die Wachtturm-Gesellschaft abschließend ein paar beruhigende Worte parat: »Warum unser Bruder kaltblütig ermordet wurde, bleibt ein Rätsel. Es war bekannt, daß er sich nicht in die politischen Angelegenheiten des Landes eingemischt hatte. Welch ein Segen sind doch die Verheißungen Jehovas, das Leben solch treuer Diener durch eine Auferstehung wiederherzustellen!«

In einem der nächsten Jahrbücher wird ähnliches wohl auch über die Sandinistas in Nicaragua zu lesen sein. Die haben nämlich am 20. März 1982 18 ausländische Missionare der Wachtturm-Gesellschaft des Landes verwiesen. Die Regierung warf den Zeugen Jehovas vor, eine geheime Druckerei betrieben zu haben, in der Propagandamaterial gegen die Regierung gedruckt worden sein soll. Außerdem warf man ihnen vor, so die Meldung von UPI, sie würden die religiösen Gefühle der Bevölkerung manipulieren und antipatriotische Aktivitäten anzetteln.

Der Antikommunismus der Zeugen Johavas treibt oft die tollsten Blüten. Bruder Demuth berichtete in dem öffentlichen Vortrag im Königreichssaal einmal über die »Aktivitäten der Brüder und Schwestern in den

210

kommunistischen Ländern«: »Vor einigen Monaten stand im ›Spiegel‹, daß unsere Brüder den ›Wacht-turm‹ sogar in die KZs der Russen schmuggeln und ihn dort wie wir studieren!« Ich machte mir anschlie-ßend die Mühe, den gesamten »Spiegel«-Jahrgang nach dem betreffenden Artikel durchzusehen. Ich fand ihn. »Bis zum Wachturm« lautete der Titel, aber da stand »Wachturm« nur mit einem »t«. Auch sonst behandelte der Artikel die Zeugen Jehovas mit kei-nem Satz. Es war die Film-Rezension von »Bahnhof für zwei«, dem sowjetischen Beitrag auf den Film-festspielen von Cannes.

Gegen-Darstellungen

Zu den ersten Insassen in den KZs der Nazis gehörten Zeugen Jehovas. Tausende wurden dort gequält und gefoltert, über 800 hingerichtet. Tausende starben in den KZs. Daß zwei Zeugen, die nach dem Krieg Führer der deutschen Wachtturm-Gesellschaft wurden, während der Nazizeit ihre Glaubensbrüder an die Gestapo verraten hatten, ist bis heute nicht bewiesen. Hat Herr Nobel schon einmal ein Gestapo-Verhör erlebt?

R. A., Bremen

Ausgerechnet einen Mann des Verrats zu beschuldigen, der all die Nazijahre im KZ verbracht hat und am Ende auch noch den berühmten Todesmarsch zum Schiff »Cap Arcona« mitmachte, das ist mehr als gemein. Der damalige Bezirksaufseher aus Magdeburg, der die mutige Resolution Bruder Rutherfords verfälschte, ist seit damals kein Bruder mehr.

M. N., Osnabrück

Angesichts der Tatsache, daß Jehovas Zeugen wegen ihrer konsequent neutralen politischen Haltung in vielen totalitären Ländern Verfolgungen ausgesetzt waren und sind, die bis zu Folterungen und Massenmorden gehen, erscheint Ihre Aussage über eine Anbiederung an Hitler über alle Maßen schockierend zynisch. Ich kann Sie allerdings dazu beglückwünschen, in guter Tradition gehandelt zu haben. Denn auch im Nationalsozialismus und in totalitären kommunistischen Staaten wurden in ganz ähnlichem Stil entstellende Schilderungen über Jehovas Zeugen verbreitet.   *M. S., Langenhagen*

»Jehovas Zeugen haben sich Hitler angebiedert. . . «
— welch ein Hohn! Jehovas Zeugen (Bibelforscher) gaben damals, wie auch heute noch, »dem Cäsar, was ihm gebührt«, und Gott, was ihm gebührt: Anbetung und Gehorsam (also kein »Heil Hitler«).
In jedem besseren Geschichtsbuch oder Lexikon kann man die Tatsachen nachlesen. Jehovas Zeugen wurden zu Tausenden in die KZs gesteckt, gefoltert und getötet, weil sie sich nicht gleichschalten ließen wie die anderen Kirchen! Es gibt auch noch genug Überlebende jener Zeit, die man befragen kann!
Erich Frost, nach dem letzten Weltkrieg »prominenter Führer« der Zeugen Jehovas in Deutschland, hat seine Brüder nicht verraten! Die Gestapo hat ihm Dinge in den Mund gelegt, die sie selbst herausgefunden hat. Dies hatte keine Auswirkungen auf seine Glaubensbrüder.   *B. M., Jever*

Die Behauptungen, daß Anbiederungen zur Hitlerzeit erfolgten und daß zwei Verräter unter den Zeugen Jehovas waren, mögen zutreffen. Doch möchte ich fragen, ob Helden die Norm sind? Schwache Glieder gibt es überall! Und ist Ihnen noch nicht aufgefallen, daß über Niederlagen weder Kaiser, Könige, Heerführer freudig berichtet haben?
L. K., Bad Lippspringe

213

Was soll der Angriff auf die Herren Erich Frost und Konrad Franke, die Sie, Herr Nobel, gar nicht kannten? Diese beiden Christen haben wie viele andere Zeugen Jehovas in Hitlers KZs Not und Elend ertragen, sind aber im Gegensatz zu Ihnen, Herr Nobel, treu geblieben. Ohne zu wissen, ob nicht die Gaskammer für sie schon geöffnet, der Ofen des Krematoriums schon geheizt war. Ihre Darstellung ist unkompetent. Sie haben ja keine Ahnung, was sich in dieser Zeit abspielte und was es hieß, Hitlers Gefangener zu sein.

H.-J. F., Nindorf

Wenn Sie schreiben, Jehovas Zeugen wollten sich bei Hitler anbiedern, so ist das eine Verleumdung höchsten Ranges, die jeder Grundlage oder prüfbarer Beweise entbehrt.

In der ganzen Welt beweisen Jehovas Zeugen ihre Neutralität. Dies nicht erst seit heute, sondern seit Jahrzehnten. Gerade in diktatorischen und kommunistischen Ländern werden sie bis zum heutigen Tag aufs heftigste verfolgt, weil sie das tun, was sie in Frage stellen — ihre Neutralität bewahren.

E. S., Bayreuth

Das Verhör

Wer es wagt, an den Geschichten aus der Nazizeit zu rühren, bekommt irgendwann überraschenden Besuch. Aufseher Demuth und Bruder Stein wollten mich »einmal fünf Minuten sprechen«. Sie setzten sich nicht, ihre Haltung war betont feindselig. Hans Demuth stellte mich wegen meines Briefes zur Rede und drohte mit Ausschluß: »Wir wollen von dir hören, daß du deine Äußerungen korrigierst. Sonst bist du eine Person, von der Jehova nichts mehr wissen will!«

Mit meinen Briefen an Bruder Demuth und Schwester Quast hatte ich den Nerv der Organisation getroffen. Hätte ich meine Kritik nur hinter vorgehaltener Hand geäußert, alles wäre halb so schlimm gewesen. Mein Brief aber hatte sie aufgescheucht. Nun fürchteten sie, daß meine Bedenken in die Versammlung getragen würden. Von anderen hatte ich schon gehört, daß nicht so sehr die Art des Vergehens die Reaktion der Aufseher bestimmt; entscheidender ist, wie viele Brüder und Schwestern in der Versammlung davon erfahren.

»Ich rücke davon ab, wenn ihr mich vom Gegenteil überzeugt habt.«

Bruder Demuth: »Du wirfst den Brüdern vor, daß sie vor einem Harmagedon-Termin häufiger in den Pre-

digtdienst gingen.« »Die Jahresberichte der Wachtturm-Gesellschaft beweisen das doch eindeutig.
Viele Brüder verkauften in Erwartung von Gottes Gerichtstag sogar Haus und Hof, gingen nicht mehr
zum Arzt, begannen nach dem Schulabschluß gar
nicht erst eine Berufsausbildung. Man hätte verant-
wortungsbewußter mit solchen Harmagedon-Pro-
phezeiungen umgehen müssen.« »Dazu hat unsere
Brüder niemand aufgefordert. Sie haben es freiwillig
und aus einem guten Beweggrund getan.«
»Guter Beweggrund? Harmagedon traf doch weder
1914, 1918, 1925 noch 1975 ein.«
»Hast du persönlich darunter gelitten?«
»Nein, aber andere.«
»Warum machst du dich zum Fürsprecher von anderen? Diese Brüder gehen doch noch heute mit dem
›Wachtturm‹ von Haus zu Haus.«
»Das stimmt nicht! Über 25 000 enttäuschte Verkündiger haben nach der falschen Endzeitprophezeiung
von 1975 Jehovas Zeugen verlassen.«
Als Bruder Demuth merkte, daß er so nicht weiter-
kam, versuchte er es mit Zureden: »Rolf, wir wollen
von dir doch nur hören, daß du deine Äußerungen
korrigierst. Sonst wird Jehova von dir nichts mehr
wissen wollen.«
»Trefft ihr diese Entscheidung oder Gott selbst?«
Meine Frage überging er einfach! »Wenn du leitende
Brüder angreifst, die bis zum Tode treu gekämpft haben, die sich auch nicht mehr wehren können . . .
Das geht nicht.«
»Daß jemand seine eigenen Glaubensbrüder an die
Gestapo verrät, ist ein schwerwiegender Grund zur
Kritik. Bruder Frost und Bruder Franke haben dazu
niemals öffentlich Stellung genommen. Und die Ge-

216

sellschaft stellt die beiden geradezu als Widerstandskämpfer dar.«
»Man braucht sich nicht gegenüber jedem Hund zu
rechtfertigen, der einen anpinkelt. Außerdem ist
deine Kritik völlig unbiblisch. Petrus verriet Christus
dreimal und wurde von ihm dennoch zum Leiter der
Christenversammlung gemacht.« Bruder Demuth
wand sich wie ein Aal. Obwohl er es sicher besser
wußte, machte er aus Petrus einen Verräter. Tatsächlich verleugnete der Jünger seinen Herrn aber nur —
ein feiner, doch wichtiger Unterschied. Der Verrat
von Franke und Frost läßt sich wohl eher mit dem
Verrat von Judas Ischariot vergleichen als mit der
Schwäche von Petrus. Bruder Demuth konnte mich
nicht überzeugen. Schließlich verabschiedete er
sich: »Bist du bereit, dich noch einmal mit uns in der
Versammlung zusammenzusetzen?«
Obwohl ich bejahte, kam es nicht zu diesem Gespräch. Schwester Quast, die mich zwei Jahre lang
missionierte, wurde jeder weitere Kontakt mit mir
untersagt. Meinen Brief nahmen ihr die Aufseher ab.
»Der sorgt nur für Unruhe in der Versammlung.«
Ein »rebellischer Geist«, wie ich ihn mit meinem
Brief und dem Streitgespräch demonstriert hatte, hat
Gemeinschaftsentzug zur Folge. Er ist die schlimm-
ste Strafe für Verfehlungen von Zeugen Jehovas, ver-
hängt bei groben Verstößen gegen die Glaubens- und
Moralvorstellungen der Sekte. Mein Gemeinschafts-
entzug — der Ausschluß aus der Sekte — erfolgte erst
nach Veröffentlichung meines Berichtes im »stern«.
Er wurde mir wie üblich nicht offiziell mitgeteilt.
Gründe für einen Gemeinschaftsentzug gibt es viele:
Ein Zeuge Jehovas darf nicht rauchen, tanzen, Pop-
musik hören, übermäßig trinken, Geburtstage feiern.

Verboten sind Sex vor der Ehe, Rebellion gegen die Sektenobrigkeit, die Teilnahme an Wahlen, sei es auch nur die Wahl eines Schulsprechers, ebenso jede politische Betätigung. Sogar das Durchstechen von Ohrläppchen wird zu einer Gewissensfrage gemacht. Und wer als Bruder einen Bart trägt (»eine Modetorheit«), der bekommt in der Sekte kein Dienstamt übertragen.

Reuelose Verstöße werden mit Gemeinschaftsentzug bestraft. Nach einem Gemeinschaftsentzug darf keiner der früheren Glaubensbrüder mehr ein Wort mit dem Verurteilten sprechen. Zugleich ist es auch eine »Todesstrafe«, denn für die Zeugen bedeutet es die sichere Vernichtung an Harmagedon, Gottes Gerichtstag. Vielen Brüdern ist diese Strafe für die ehemaligen Freunde noch nicht hart genug. Einmal sagte mir ein jüngerer Bruder, einer dieser besonders pomadigen Anzugträger, deren Horizont genauso selten über den »Wachtturm« hinausragt wie ihr Haar über den Hemdkragen: »Leider dürfen wir die Abgefallenen nicht töten. Wäre Gottes Gesetz aber schon in Kraft, wir würden es tun. Bis dahin behandeln wir sie so, als wären sie tot.«

Die Zahl der Gemeinschaftsentzüge hat sich in den letzten Jahren ständig erhöht. Ein Prozent der getauften Zeugen Jehovas werden jedes Jahr aus der Sekte gefeuert, etwa 26 000 Personen. Das zeigt deutlich das Dilemma, in dem sich die greisen Sektenführer befinden: Sie können viele Gläubige nur noch mit der Drohung vor Harmagedon bei der Stange halten. Aus Furcht vor Gemeinschaftsentzug, der »todsicher« die ewige Verdammnis an Harmagedon nach sich zieht, kuschen die meisten.

Aber Jehovas Zeugen fürchten sich auch vor der Einsamkeit nach dem Gemeinschaftsentzug. Durch die ständige Gehirnwäsche ist ihr Denken, Handeln und Sprechen so lädiert, daß sich Freunde »aus der Welt« längst zurückgezogen haben. Denn wer kann es schon ertragen, wenn jedes noch so banale Gespräch mit einem Bibeltext gewürzt wird. Es bleiben also nur die Brüder und Schwestern. Verliert man die auch, ist man ganz allein.

Mit dem hohen Anspruch: »Jehovas christliche Zeugen sind ein reines Volk« hat sich die Ansicht über das, was ein Zeuge Jehovas darf und was nicht, immer mehr verhärtet. Man lebt in einem kaum noch zu durchblickenden Dschungel von Verboten. Das war nicht immer so. Im »Organisationsbuch« von 1949 war der Gemeinschaftsentzug nicht einmal enthalten. 1955 ist er im gleichen Buch schon eine »ernste Sache«, und man droht dem Betroffenen, daß er »aus Jehovas Neuer-Welt-Gesellschaft« hinausgetan werde. Zweieinhalb Seiten räumt die Sektenführung diesem Punkt ein. 1983 sind es schließlich 15½ Seiten, überschrieben mit dem Kapiteltitel »Wenn Schwierigkeiten entstehen«, und der Betroffene ist darin ein »reueloser Übeltäter«, dessen Sünden von den Glaubensbrüdern in Spitzelmanier »den Ältesten gemeldet und von ihnen behandelt werden« sollten.

Helga Schnoor* ist eine Ausgestoßene. Weil sie vor der Ehe mit ihrem Freund schlief, warf man sie raus. Helga Sch.: »An dem Abend waren etwa hundert Leute in der Versammlung. Plötzlich sagte von der Bühne der Aufseher laut: ›Schwester Schnoor hat einen unzüchtigen Lebenswandel geführt.‹ Alle waren wie vom Blitz getroffen. ›Ach, die Hure!‹, sagte jemand, und ein anderer: ›Das gibt's doch nicht!‹ Andere fingen an zu heulen. Ich saß da wie ein Schaf auf der Schlachtbank. Schließlich wurden noch alle ermahnt, mit mir keine Gemeinschaft mehr zu pflegen. Nicht einmal gegrüßt wurde ich danach. Das schlimmste aber war: Ich hatte keine Freunde mehr auf der Welt.«

Acht Jahre nach ihrem Gemeinschaftsentzug hat sich Helga Schnoor immer noch nicht von den psychischen Folgen ihrer aktiven Zeit bei Jehovas Zeugen befreit. Sie fühlt sich von Dämonen Satans verfolgt. Nachts schläft sie nur bei Lampenlicht. Am Tag nach unserem Gespräch ging es ihr besonders schlecht: »Ich fühle mich wie Judas.«

Wie Helga geht es zahlreichen Ex-Zeugen. Auch nach dem Ausschluß aus der Sekte bleiben sie Gefangene der Wachtturm-Gesellschaft. Dämonenangst ist unter ehemaligen Zeugen weit verbreitet. Die vorangegangene Gehirnwäsche sitzt so tief, daß das schlechte Gewissen über begangene Sünden die Angst vor Harmagedon weiter am Kochen hält. Für Elke Kurz, 32, hat dies fürchterliche Folgen: Während ihrer Schwangerschaft Ende 1974, also kurz vor dem prophezeiten Endzeittermin 1975, sagten ihr die Glaubensgenossen aus der Versammlung, daß an Harmagedon auch ungeborene Kinder von Gott gerichtet und getötet würden. Man würde ihr den Bauch aufschlitzen, erklärten die sonst so freundlichen Zeugen der entsetzten Frau, und ihr den Fötus herausreißen. Dieses Trauma wurde Elke Kurz bis heute nicht wieder los. Immer wenn es auf das Jahresende zugeht und ihr Mann im Krankenhaus Nachtschicht macht, stirbt sie fast aus Angst vor dem Nahen Harmagedons.

In den Niederlanden, wo ehemalige Zeugen Jehovas

220

die »Vereinigung der Enttäuschten« gründeten, hat die Zahl von Selbstmorden und Selbstmordversuchen unter Ex-Zeugen ein derart bedrohliches Ausmaß angenommen, daß die »Enttäuschten« vom Parlament ein Verbot für die Hausagitation der Zeugen Jehovas fordern. Für die Selbstmorde machen sie die »Gehirnwäschen« und den »raffinierten Terror« der Wachtturm-Gesellschaft verantwortlich, der bei den ehemaligen Sektenanhängern zu schweren sozialen und seelischen Schäden führe. Angst vor Dämonen und Isolierung in der Familie seien die Folgen, oft gepaart mit der Flucht in Alkohol, Drogen oder Selbsttötung.

Die Ächtung ausgeschlossener Brüder und Schwestern macht auch vor Familien nicht halt: »Und diejenigen, die mit einer Person, der die Gemeinschaft entzogen worden ist, Glieder derselben Familie sein mögen, hören auf, mit dem Übeltäter, der nicht bereut, geistige Gemeinschaft zu pflegen.« Die Folgen: In Hunderten von Familien darf der Bruder nicht mehr mit dem Bruder reden, die Frau nicht mehr mit dem Mann, der Vater nicht mehr mit der Tochter. Nicht einmal ein »Guten Morgen« ist erlaubt. Wer sich nicht daran hält, der muß selbst mit schwerer Strafe rechnen, Gemeinschaftsentzug eingeschlossen. Mit diesem religiösen Dogma stoßen die Wachtturm-Inquisitoren unzählige Familien ins Unglück, treiben sie ihre ehemaligen Anhänger zu Alkohol und Drogen, nicht selten auch in den Tod. Nicht in den geistigen, nein, schlimmer, in den weltlichen, wirklichen Tod.

Die Erfahrungen anderer

Die Reaktion nach der »stern«-Veröffentlichung des Berichts war ungewöhnlich, selbst für routinierte Zeitungsprofis. Drei Aktenordner mit Leserbriefen, insgesamt 280, jede Menge Anrufe, darunter auch anonyme. Unter den zahlreichen Briefen wütender Zeugen waren auch einige, in denen aktive und ehemalige Glaubensbrüder ihre Erlebnisse mit der »Wahrheit« schilderten. Im Gegensatz zu mir haben sie einmal an die Wachtturm-Lehren geglaubt. Trotzdem deckt sich vieles mit meinen Eindrücken.

»Jeder bespitzelt jeden . . . «

Alles fing damit an, daß ich eine Zeugin Jehovas heiraten wollte und mein zukünftiger Schwiegervater, ein Ältester und Aufseher der Versammlung in Bochum-Werne, zu mir sagte: »Ich habe meine Tochter gelehrt, daß man gemäß der Bibel nur im Herrn heiraten soll.« Also mußte ich entweder Zeuge Jehovas werden und könnte dann die Tochter heiraten, oder ich müßte erfolglos von dannen ziehen. Als offener Mensch habe ich mich mit den Lehren der Zeugen Jehovas auseinandergesetzt.

Hätte ich doch gewußt, was für eine Gehirnwäsche mir bevorstand. Nach einem Jahr fortgesetzten Studiums der Zeugen-Schriften hatten mich die Brüder und Schwestern soweit. Das Glaubensbekenntnis aus dem Buch »Die Wahrheit, die zum ewigen Leben führt« konnte ich mühelos herunterleiern. Dank der perfekten Gedankenkontrolle war ich auch sonst voll integriert. Erst danach kam das »Ja« zur Heirat.

Nun fing es erst richtig an: Am Mittwoch hatte ich eine Stunde lang Versammlungsbuchstudium, freitags eine Stunde Predigtdienstschule und eine Stunde Dienstzusammenkunft, sonntags schließlich eine Stunde Teilnahme am öffentlichen Vortrag und eine Stunde Studium des »Wachtturm«. Hinzu kamen noch die Vorbereitung auf jede Versammlung, das persönliche Studium, das Familienstudium, das Bibelleseprogramm und die Vorbereitung auf den Predigtdienst von Haus zu Haus. Dazu noch mindestens zehn Stunden im Monat die Verkündigung der frohen Botschaft von Haus zu Haus. An zwei Wochenenden im Jahr fand der Kreiskongreß statt — zehn Stunden am Tag —, einmal im Jahr der Bezirkskongreß — Donnerstag bis Sonntag, jeden Tag zehn Stunden lang. Für andere Dinge blieb mir keine Zeit.

Im Privatleben und im Beruf mußte man sich den Regeln der Sekte unbedingt unterordnen. Meinen alten Freundeskreis mußte ich aufgeben, es war ja schlechte Gesellschaft. Kein Alkohol, kein Nikotin, kein anderer Umgang als mit Brüdern und Schwestern. Nur die Literatur der Wachtturm-Gesellschaft war erlaubt, sogar Fernsehen und Kino waren »schlechte Beeinflussung«.

Über allem wachte der größte Bespitzelungsdienst der Bundesrepublik: etwa 100 000 Zeugen Jehovas. Jeder bespitzelt jeden, und wer sich nicht an die Regeln hält, wird sofort der Ältestenschaft gemeldet, die den Fall an das sogenannte Rechtskomitee der Versammlung weiterleitet. Je nach Schwere der Verfehlung wurde der Bruder oder die Schwester dann öffentlich vor der gesamten Versammlung in beschämender Weise zurechtgewiesen. Etwas Demütigenderes kann man sich überhaupt nicht vorstellen. Man mußte sich danach anstrengen, um die Vorrechte in der Versammlung — die Begrüßung neuer Gäste, die Saalreinigung oder das Lesen von Schriftstellen in der Zusammenkunft — wieder zu erlangen. In noch schwereren Fällen wurde man von der Gemeinschaft der wahren Christen ausgeschlossen und nicht mal mehr mit einem Gruß bedacht; wenn man die Versammlungen trotzdem besuchte, mußte man bußfertig in der hintersten Reihe Platz nehmen, geschnitten und unbeachtet von allen anderen.

Doch was ist, wenn man hinter die Kulissen schaut? Meine Frau, die treue Schwester, hatte des öfteren intime Verhältnisse mit anderen Männern. Mein Schwiegervater griff häufig zur Schnapsflasche, ganz im Gegensatz zu dem, was er auf der Bühne des Königreichssaales verkündete.

Erst nach sechs Jahren habe ich zum erstenmal eingesehen, daß diese Lehre nichts mehr mit dem Humanismus eines Jesus Christus zu tun hat. Daher habe ich versucht, mich aus der Sekte zu lösen. Leider ist das schwieriger, als es den Anschein hat. Und auch schwerer, als die Zeugen Jehovas immer behaupten. Denn in der Gemeinschaft der »wahren Christen« ist man kein freier Mensch mehr, sondern dem Dogma der Bruderschaft verpflichtet. Außerdem würde ich mit einem Aussteigen auch meine Ehe aufs Spiel setzen. Dann würde ich in der großen Schlacht von Harmagedon umkommen und nicht in das verheißende Paradies auf Erden gelangen. Auch würde ich das Leben meiner beiden Kinder damit aufs Spiel setzen, für die ich als wahrer Christ die Verantwortung trage. Diesem massiven Druck habe ich anfangs nicht standgehalten. Also machte ich weiter.

Erst 1980 gelang es mir, aus diesem Gefängnis der Sinne auszubrechen. Natürlich gehörte die Auflösung meiner Ehe dazu. Nur so konnte ich wieder ein freier Mensch sein. Treffe ich heute einen Zeugen aus meiner Versammlung, so wendet dieser hochmütig seinen Blick ab und geht grußlos vorbei. Mit einem Abgefallenen darf niemand etwas zu tun haben.

Diesem ungeheuren Streß verdanke ich, daß mein psychosomatisches Nervensystem nicht mehr mitgespielt hat. 1981 wurde ich mit teilweisem Erfolg an Magenkrebs operiert. Und das mit 29 Jahren.

Und wie sieht es heute aus?

Die Scheidung habe ich mittlerweile überwunden. Die Ablösung von der Sekte ist mir auch gelungen. Aber meine Kinder! Die wachsen bei ihrer Mutter weiterhin in dieser Irrlehre auf. Ich lebe in der ständigen Angst, daß ihnen mal etwas passieren könnte und sie eine Bluttransfusion brauchen. Zeugen Jehovas erlauben das nicht. Wenn ich daran denke, daß mein Leben bei der Magenoperation nach einem Leber- und Milzkapselriß nur durch eine Bluttransfusion gerettet werden konnte, wird mir bei der Vorstellung, welch Todesspiel mit meinen Kindern getrieben wird, speiübel.

Meine große Tochter ist mittlerweile zehn Jahre alt. Sie wird trotz sehr guter Leistungen in der Grundschule nicht aufs Gymnasium geschickt, weil die Zeugen Jehovas Angst haben, daß ein aufgeklärter Mensch ihre Ansichten nicht mehr teilen wird. Außerdem ist ein Studium an der Universität nichts im Gegensatz zum Studium der Bibel. Junge Zeugen sollen erst in den Vollzeitdienst und später in den Missionardienst der Sekte. Und außerdem: Diese Welt wird sowieso in der Schlacht von Harmagedon untergehen, was nützt da weltliche Bildung?

Vielleicht kann es einigen Menschen helfen, wenn Sie dieses Schreiben veröffentlichen, damit sie aus den Fängen der Zeugen befreit werden können.

W. F. Dortmund

»Eigene Gedanken sind nicht gefragt.«

Es herrschen leider tatsächlich Mißgunst und zum Teil Cliquenwirtschaft in etlichen Versammlungen. Von Liebe und Zuneigung wird viel geredet — dabei lieben viele Brüder und Schwestern zuerst einmal sich selbst.

Eigene Gedanken sind nicht gefragt. Wer nicht marionettenhaft die »Wahrheit« befolgt, wird bald geschnitten und zum Ausschluß aus der Versammlung getrieben. Dabei hat sich die »Wahrheit« in den letzten Jahren schon oft geändert.

Leider ist Kritik völlig nutzlos. Den Kritiker hat dann »Satan im Griff, der in den letzten Tagen dieses Systems mit besonderer Wut versucht, alle von der Wahrheit abzubringen«.

Die Brüder und Schwestern werden sich aber früher oder später eingestehen müssen, daß es Jehova weniger auf die Glaubensgemeinschaft als auf das Herz des Menschen ankommt. Doch so hell wird das Licht wohl nicht scheinen.

D. T. (Zeuge Jehovas)

Falls Sie veröffentlichen, bitte ohne Namen. Ich habe schon genug zu tragen.

»Falsche Anschuldigungen und Verleumdungen . . .«

Mein Mann und ich sind 1968 als Zeugen Jehovas getauft worden und haben all die Jahre unsere ganze Zeit und Kraft dafür eingesetzt. Wir haben drei Kinder mit 12, 13 und 18 Jahren. Mein Mann mußte also für eine große Familie sorgen, im Gegensatz zu vielen anderen, die als Pioniere tätig sind. Mein Mann war viele Jahre Ältester und hat den Schriftverkehr mit dem Bethel in Wien für unsere Versammlung geführt. Wir haben bei Kreiskongressen mitgearbeitet, und viele Jahre hat der Kreisaufseher bei seinen Besuchen in der Versammlung bei uns gewohnt.

Wir wissen, wie es bei Komiteeverhandlungen zugeht. Wir wissen, daß es nicht so sehr darauf ankommt, was jemand tut, als darauf, mit wem er sich gutsteht. Wir haben die »christliche Liebe« in allen Nuancen kennengelernt. Wir haben die »Endzeit« vor 1975 miterlebt und gesehen, wie man sich aus der Affäre gezogen hat, als das angekündigte Ende nicht kam. Und wie man mit denen umging, die ehrlich zugaben, daß sie für 1975 das Ende gepredigt haben und sich irrten. Hinterher hieß es, »einige glaubten« und »einige sagten«, daß 1975 das Ende käme. In Wahrheit sagten und glaubten es alle, und wenn jemand laut daran gezweifelt hätte, wäre er erbarmungslos zur Rechenschaft gezogen worden.

Mein Mann und ein weiterer Ältester unserer Versammlung begannen schließlich klar zu sehen, trotz der Brille, die man als Zeuge Jehovas nach all den Belehrungen zu tragen beginnt. Es heißt ja, daß man vor einer Kritik des treuen und verständigen Sklaven erst mal die eigene Einstellung und den Glauben prüfen soll. Wenn man so lange wie wir mit ganzem Herzen dabei ist, kämpft man einen fürchterlichen Kampf mit sich selbst, ehe man wieder klar sehen kann. Als Verkündiger kann man bestimmte Dinge ablehnen, ohne daß man dazu Stellung nehmen muß. Ein Ältester aber muß von der Bühne und privat die Brüder ermuntern und sie für die verschiedenen Tätigkeiten anspornen. Ist man ehrlich und findet manche Dinge in der Organisation nicht gut, gerät man in einen fürchterlichen Gewissenskonflikt.

Die beiden Männer haben einen langen Kampf mit sich ausgefochten und 1980 ihr Ältestenamt zurückgegeben. Daraufhin brach ein Sturm los. Die anderen Ältesten warnten die Brüder vor uns. Nicht nur privat, sondern auch von der Bühne. Das Buchstudium, das zehn Jahre lang in unserer Wohnung stattfand, wurde verlegt. Jeder, der mit uns sympathisierte, wurde gewarnt, und wenn das nicht genügte, scharf zurechtgewiesen.

Da uns die Brüder und Schwestern sehr geschätzt haben und mit ihren Problemen meist zu einem der beiden Ältesten kamen, dauerte es sehr lange, bis genug Anschuldigungen und Lügen verbreitet waren, um der Versammlung beizubringen, »daß Jehova nichts mit Abtrünnigen zu tun haben will und jeder, der mit ihnen verkehrt, an ihren Sünden Anteil hat«. Wir haben uns schließlich ganz aus der Versammlung zurückgezogen und in dieser Zeit sehr viel erlebt, von dem die meisten Zeugen keine Ahnung haben. Wir haben erfahren, wie es anderen ergangen ist, die zu denken begonnen haben. Je länger jemand dabei ist und je höher seine Stellung in der Versammlung, desto ärger wird auf ihn losgegangen.

Wenn ein kleiner Verkündiger sich zurückzieht, dann heißt es halt, »er hat den Weg Jehovas verlassen«, doch wenn ein Ältester sich zurückzieht, der in der Versammlung von den Brüdern geschätzt wurde, ist jedes Mittel recht, um ihn schlechtzumachen. Bei uns suchten sie mit größtem Eifer nach einem Grund für einen Gemeinschaftsentzug. Und da es keinen gab, wurde von der Bühne gesagt, daß die beiden Familien (wir wurden namentlich genannt) »so zu betrachten seien wie Ausgeschlossene« und ihnen gemäß 2. Johannes 4—11 »nicht einmal ein Gruß zu entbieten ist«. Das galt auch für die Kinder.

Inzwischen sind drei Jahre vergangen. Aber immer noch werden falsche Anschuldigungen und Verleumdungen über uns verbreitet. Sogar im Predigtdienst von Haus zu Haus. Mein Mann wurde kürzlich von einem Arbeitskollegen darauf aufmerksam gemacht, daß ein Zeuge behauptet habe, mein Mann hätte Hurerei begangen. Ein Ältester, den mein Mann zur Rede stellte, erklärte nur: »Das geht uns nichts an, wir reden nicht mehr mit euch.« Wir haben mehrfach erwogen, vor Gericht zu gehen, aber man kann gegen die Zeugen Jehovas nur sehr schwer an. Die Organisation ist rechtlich sehr versiert und hat Geld genug.

B. W. K., Kuchl, Österreich

»Ich habe soviel Angst ...«

Auch ich war eines dieser »still sitzenden Kinder«. Hier ein kurzer Ausschnitt aus meinem damaligen Tagebuch:

»Es ist so schwer, Jehova gerecht zu werden. Er verlangt so viel von mir. Mami sagt, daß es der Teufel ist, der mich zu verführen versucht. Aber was soll ich denn tun, wenn alle meine liebsten Freunde nicht der ›Wahrheit‹ angehören? Sie aufgeben? Ich bin so verzweifelt und darf es doch nicht sein, weil ich doch das Glück habe, bei Harmagedon zu überleben, wenn ich alle Gebote Gottes befolge.

Aber ich möchte fröhlich sein und mit meinen Kameraden auf die Schulfeste gehen dürfen. Ich darf nicht tanzen mit ihnen. Mami sagt, ich müsse ihnen halt Zeugnis geben von der Wahrheit, dann kämen sie vielleicht auch zu den Zeugen Jehovas, und sonst müsse ich mich von ihnen fernhalten.

Ich schäme mich aber und habe Angst, daß sie mich mal sehen, wenn ich von Tür zu Tür gehe. Sie würden mich auslachen. Noch mehr Angst habe ich aber vor der Bestrafung Gottes, wenn er mich jetzt sieht, was für schreckliche Gedanken ich habe. Ich bin so einsam. Ich habe soviel Angst, und niemandem kann ich meinen Kummer erzählen. Sie sagen alle immer bloß: ›Alle schlechten Gedanken kommen vom Teufel.‹ Was soll ich denn tun? Jetzt merkt der liebe Gott, daß ich nicht so bin, wie ich sein müßte. . . «

E. M., Pfäffikon (Schweiz)

»... worin ich als Hure beschimpft wurde ...«

Über zwanzig Jahre war ich eine Gefangene dieser religiösen Gemeinschaft. Kurz nach meiner Heirat lernten mein Mann und ich den Glauben der Zeugen Jehovas. Mein Mann konnte überzeugt werden, ich hingegen nicht. Ich war und blieb durch meine Widersprüche und Gegenargumente stets ein Rebell. Mein Mann engagierte sich in der sogenannten Wahrheit der Zeugen Jehovas total. Und damit begann für unsere beiden Söhne und für mich der Leidensweg.

Wir durften nur noch das tun, was das »Familienoberhaupt« anordnete. Dadurch wurden meine Kinder und ich zur totalen Isolation gegenüber unseren Mitmenschen und der Außenwelt erzogen. Die Kinder gehorchten aus Zwang und Angst vor Schlägen; wie heißt es in der Bibel: »Wer sein Kind liebt, der züchtigt es.«

Es war eine grauenvolle Zeit, und ich nahm mir vor, nur so lange bei meinem tyrannischen Mann zu bleiben, bis meine Kinder so groß wären, um selbst entscheiden zu können, was sie tun wollten. Als ich mir das vornahm, wußte ich leider noch nicht, daß sie nie eine eigene Meinung haben würden. Das eigene »Ich« meiner Söhne wich blankem und bloßem Gehorsam. Ich verlor im Laufe der Jahre mein Selbstvertrauen, so daß ich nur noch ein Schatten meiner selbst war. Anvertrauen konnte ich mich auch niemandem, denn der Umgang mit Menschen aus der Welt war uns verboten. Alle familiären Kontakte mußten abgebrochen werden, der geläuterte Sinn und Geist von uns könnte durch falschen Umgang mit Nichtzeugen geschädigt werden und uns am ewigen Leben hindern.

Meine anfängliche Rebellion wich Resignation. Ab und zu nahm ich mir vor, endlich alles hinter mir zu lassen und mit meinen Kindern fortzuziehen. Bloß, was sollte ich tun? Einen Beruf hatte ich nicht erlernt. Womit sollte ich uns drei denn am Leben erhalten?

So gingen die Jahre an uns vorbei. Mein jüngster Sohn wurde mit 17 Jahren alkohol- und drogenabhängig. Der Älteste schmiß seine Lehre. Ich hatte inzwischen zweimal versucht, mir das Leben zu nehmen.

Sieht so die Glückseligkeit der Zeugen Jehovas aus? So konnte es nicht weitergehen. Als erstes ging ich mit meinem jüngeren Sohn zum Arzt, denn er brauchte dringend Hilfe. Es kostete viel Kraft und Ausdauer, ihn in das normale Leben zurückzuholen, ohne Alkohol und Drogen. Mein Mann rührte keinen Finger. Das einzige, was er tat, war, uns vollzustopfen mit Strafandrohungen, die wir Abtrünnigen in Harmagedon zu erwarten hätten. Dazu kam der Druck von seiten der lieben Brüder aus der Versammlung.

Woher ich die Kraft nahm, um zum Arbeitsamt zu gehen und eine Umschulung anzustreben, weiß ich nicht. Alles schien mir von nun an zu gelingen. Meine Söhne zogen aus; aber bis heute sind sie sich noch nicht sicher, was sie eigentlich wollen. Sie sind beide wie Halme im Wind. All ihr Handeln und Denken wird durch das in der Vergangenheit Erlebte geprägt.

Als ich meine Umschulung zur Stenokontoristin beendet hatte und eine feste Anstellung bekam, reichte ich die Scheidung ein und zog in ein kleines möbliertes Zimmer. Erneut lernte ich die Gemeinheiten der Zeugen Jehovas kennen.

Alles, was ich von zu Hause mitnehmen durfte, waren meine persönlichen Sachen — in zwei Koffern. Haus, Stadtwohnung, Möbel — alles behielt mein Mann. Mit seinen Brüdern zwang er mich, eine Verzichtserklärung zu unterschreiben. Mir war alles egal, nur weg und endlich Ruhe. Es ist schwer, ohne Freunde allein den Schritt in ein ungewohntes Leben zu wagen; neue Kontakte müssen erst hergestellt werden. Ich mußte lernen, Personen und Umwelt unter anderen Aspekten zu betrachten.

Häufig bekam ich Post, worin ich als Hure beschimpft wurde und mir der Tod vor Augen gehalten wurde, den ich nach meiner Handlung zu erwarten hätte. Inzwischen wurde ich geschieden. Als »Abschiedsgeschenk« bekam ich die Hälfte der Schulden aufgehalst, die mein Mann als Kredit für den Hausbau aufgenommen hatte.

Aber mit all dem kann ich noch fertig werden. Schlimmer sind für mich die seelischen Prägungen. Ich lebe nur noch in Angst. Obwohl ich inzwischen mit einem Mann zusammenwohne und dieser großes Verständnis zeigt, belastet mich die Vergangenheit sehr. Ich weiß nicht, wann ich diese Angst abgelegt haben werde. Tag und Träume sind noch mit Horrorvorstellungen dieser Religion vollgestopft.

M. W., Berlin

Verzeichnis der angeführten Literatur

Die Wahrheit, die zum ewigen Leben führt, Wachtturm-Gesellschaft, Wiesbaden 1968

Die Wahrheit über Jehovas Zeugen, Günther Pape, Rottweil 1970

Christliche Verantwortung, Informationen der Studiengruppe Christliche Verantwortung, Gera/DDR 1979

Zeugen Jehovas, Marley Cole, Geschichte und Organisation einer Religionsbewegung, Neue-Welt-Gesellschaft, Frankfurt 1956

Leitfaden für die Theokratische Predigtdienstschule, Wachtturm-Gesellschaft, Wiesbaden 1971

Organisiert, unseren Dienst durchzuführen, Wachtturm-Gesellschaft, Wiesbaden 1983

Neue-Welt-Übersetzung der Heiligen Schrift, Watch Tower Bible & Tract Society of Pennsylvania, New York 1971

Ewiges Leben in der Freiheit der Söhne Gottes, Wachtturm-Gesellschaft, Wiesbaden 1967

Jehovas Zeugen, die Paradiesverkäufer, Gerd Wunderlich, München 1983

Jahrbuch der Zeugen Jehovas 1947, Wachtturm-Gesellschaft, Bern 1947

»Erwachet!«, Wachtturm-Gesellschaft, Bern, 22. Dezember 1947

Bestimmungsübergabe Bethel, Wachtturm-Gesellschaft, Selters/Ts. 1984

Mache deine Jugend zu einem Erfolg, Wachtturm-Gesellschaft, Wiesbaden 1976

Jehovas Zeugen und die Schule, Wachtturm-Gesellschaft, Wiesbaden 1983

Jehovas Zeugen und die Blutfrage, Wachtturm-Gesellschaft, Wiesbaden 1977

Kommandant in Auschwitz, Rudolf Höß, Stuttgart 1958
Zeugen Jehovas — Väterchen Frost, aus »DER SPIEGEL«,
  Hamburg, 19. Juli 1961
Erklärung über die Wehrdienstfrage, aus »Trost«, Wacht-
  turm-Gesellschaft, Bern, 1. Oktober 1943
Jehovas Zeugen im Feuerofen, Wachtturm-Gesellschaft, Bern
  1946
Jahrbuch der Zeugen Jehovas 1982, Wachtturm-Gesellschaft,
  Wiesbaden 1982
Jahrbuch der Zeugen Jehovas 1981, Wachtturm-Gesellschaft,
  Wiesbaden 1981

Die im Textteil aufgeführten Dokumente sind entnommen aus:
Die Zeugen Jehovas. Eine Dokumentation über die Wachtturm-
Gesellschaft, Verlag Hubert Freistühler, Schwerte/Ruhr.

© 1970 by Urania-Verlag, Leipzig/Jena/Berlin

Die Dokumente Seite 15, 101, 103, 119, 121, 123 und 176 ff. sind im
Besitz des Autors.

Als Rührstück pinselte ein Sektengrafiker in Brooklyn
die Missionsarbeit der Verkündiger in den Alpen.
Abgedruckt im Kalender der Zeugen Jehovas 1983